지역사회를 건강하게 만드는 커뮤니티 비즈니스
인간성 회복과 자율적인 지역사회 만들기

희망제작소 뿌리총서 4

## 지역사회를 건강하게 만드는 커뮤니티 비즈니스
### 인간성 회복과 자율적인 지역사회 만들기

호소우치 노부타카 편저
박혜연·이상현 옮김
한영혜 감수

아르케

CHIIKI O GENKI NI SURU COMMUNITY BUSINESS
by Nobutaka Hosouchi
Copyright© Nobutaka Hosouchi, 2001.
All rights reserved.
First published in Japan by Gyosei Corporation, Tokyo.
This Korean edition published by arrangement with Gyosei Corporation, Tokyo
in care of Tuttle-Mori Agency, Inc., Tokyo through Shinwon Agency, Seoul.
Korea translation edition copyrights© 2007 by The Hope Institute

이 책의 한국어판 저작권은 신원에이전시를 통한 저작권자와의 독점 계약으로 희망제작소에 있습니다.
저작권법에 의해 한국 내에서 보호를 받는 저작물이므로 무단 전재와 무단 복제를 금합니다.

【일러두기】
1. 지명은 원음 그대로 써 주되, 괄호로 한자를 병기함.
2. 동음이의어가 있는 한자어는 괄호로 한자 병기함.
3. 역자 주는 [역주]로 표시함. 설명이 길어질 경우에는 각주를 담.
4. 한자 표기는 일본의 고유 명사를 표기할 경우는 일본식 한자로, 동음이의어 구분을 위한 한자는 한국식 한자로 함.

희망제작소
The Hope Institute
**뿌리총서를 발간하며**

## 창조적인 지역 만들기를 위하여

'살기 좋은 지역 만들기'가 하나의 국가정책으로 등장하면서 전국에 지역 만들기 열풍이 불고 있습니다. 정부 부처들은 오히려 경쟁하는 것처럼 보일 정도로 살기 좋은 지역 만들기 정책에 막대한 예산을 투여하고 있습니다. 지방자치단체와 지역단체들은 이러한 예산을 한 푼이라도 더 받기 위해 치열한 공모전 경쟁에 화려한 계획들을 내놓고 있습니다.

사실 살기 좋은 지역 만들기 운동은 이미 오래전부터 풀뿌리자치운동에 관심을 갖고 참여해온 시민운동과, 지역에 뿌리를 내리고 있는 주민운동조직에서 다양한 형태로 시도해 왔습니다. 물론 그동안 많은 성과도 축적되었습니다. 그런데 예산도 없이 고군분투해오던 시민운동 진영에서 정부의 살기 좋은 지역 만들기 정책에 적잖은 우려를 보내고 있는 것은 역설적인 현실입니다. 정부의 의욕 과잉에 따라 그동안 주민들의 자발적이고 주체적인 운동이 정부예산 따먹기 경쟁으로 변질되지 않을까 하는 걱정입니다.

주민의 창의성에 바탕을 두고 주민자치운동으로 전개하여야 할 '살기 좋은 지역 만들기'가 자칫 주민은 들러리가 되고 지방자치단체와 용역회사들이 대신 만들어주는 '살기 좋아 보이는 지역 만들기'로 전락할 우려가 크기 때문입니다.

우리는 정부가 살기 좋은 지역 만들기 정책을 적극 추진하는 것에 대해 반대하지 않습니다. 다만 주민 자치운동이 되어야 할 지역 만들기 운동의 근본 취지를 훼손하지 않도록 세심한 디자인이 필요하다고 봅니다. 예산은 약이 될 수도 있고 독이 될 수도 있습니다. 이러한 우려는 비단 우리나라만의 문제는 아닙니다. 우리가 '마치즈쿠리'라고 일컫는 일본의 마을 만들기 운동에서도 관의 개입과 지원이 비슷한 문제들을 많이 낳고 있어서 일본 내에서도 비판의 목소리가 높습니다.

〈희망제작소〉는 시민의 참여와 시민의 창안을 통해 우리 사회를 새롭게 디자인하자는 취지로 설립되었습니다. 특히 세상의 풀뿌리인 지역이 살아야 우리 사회가 건강해질 수 있다고 봅니다. 그런 의미에서 지역 만들기를 핵심 과제로 삼고 이에 대해 어떻게 하면 실질적이고 지속적으로 기여할 수 있을지를 진지하게 모색해왔습니다.

그 모든 노력에 앞서 우리가 많은 관심을 갖고 있고 또 여러 사례들이 소개가 되고 있는 일본의 마을 만들기뿐만 아니라 유럽과 미국 등 세계 각지에서 펼쳐지고 있는 지역 만들기 사업에 대해서도 좀더 체계적이고 심층적인 소개가 가장 절실하다고 보고 〈뿌리총서〉를 기획하게 되었습니다. 우리보다 앞서 시행착오와 성공사례를 동시에 경험한 다른 나라의 좋은 모델들을 계속 소개할 계획입니다.

매우 광범위한 영역에서 펼쳐지고 있는 다양한 마을 만들기 사례와 연구들을 계속 소개함으로써 '살기 좋은 지역 만들기' 운동이 한층 더 활성화되고 우리 사회에 맞는 새로운 모델들을 창출해나가는 데 밑거름이 될 수 있기를 바랍니다.

우리사회에서 독서운동으로 새로운 사회공헌의 모델을 보여주고 있는

〈우림건설〉에서 고맙게도 이번 기획사업의 주춧돌을 놓아주셨습니다. 우림건설의 심영섭 사장님은 매달 천 권의 책을 임직원은 물론 지인들에게 선물하는 양서(良書)전도사입니다. 또한 이 총서의 번역과 감수를 위해 아무런 보상도 없이 아낌없이 협력해주신 여러 교수님과 전문가분들께도 깊은 감사를 드립니다. 이들의 소중한 뜻을 담아 뿌리총서를 더욱 알차게 기획해서 출판해 나가도록 하겠습니다.

희망제작소 상임이사 박원순

발간에 붙여

　호소우치 노부타카와 그의 연구진이 '지역을 건강하게 하는 커뮤니티 비즈니스'를 발간하였습니다. 이는 제게도 실로 기쁜 일이 아닐 수 없습니다.
　21세기에 돌입한 일본사회는 그동안 혼돈을 거듭해왔습니다. 그러나 그것이 반드시 비극이라고 할 수는 없습니다. 왜냐하면 그 혼돈으로부터 차세대의 에너지가 생겨나고, 사물이 태동하고, 혁신이 이루어지기 때문입니다. 이러한 의미에서 오늘의 일본사회는 논의나 연구, 의욕이 충만한 상태라는 것은 분명합니다. 저는 이것들을 하나로 모아줄 핵만 있다면, 완전한 결정체를 만들 수 있으리라 기대합니다. 바로 '커뮤니티 비즈니스'가 일본사회의 새로운 차원을 결정화시키는 핵이 되리라 생각합니다. 그리고 본서가 반드시 그것을 증명해 줄 것입니다.
　이 책은 인생에서 성공하고 큰 부자가 되는 법을 가르쳐주는 비즈니스 서적은 아닙니다. 커뮤니티를 건강하게 하고, 지역에 맞는 현실적인 비즈니스를 창조하기 위한 책입니다. 읽어가다 보면 이 책이 일본인의 삶과 지역사회를 멋지게 만들어내고자 하는 정신과 일본인 한 사람 한 사람이 높은 뜻을 세울 수 있게 용기를 주는 바이블이라는 것을 알게 될 것입니다.

저는 읽으면서 "현대의 민초의 의지"와 같은 것을 느꼈는데, 어떻습니까?

자, 이 책을 읽고 용기를 가집시다. 지혜를 불러일으킵시다. 좋은 파트너를 발견해 봅시다. 그리고 실천합시다. 그러면 자기 자신이 건강해지고, 따라서 커뮤니티도 건강해지고, 결국 일본도 세계도 건강해지는 것이죠.

이 책을 대하니 저도 가슴이 두근거립니다.

2001년 1월
다마(多摩)대학교수 모치즈키 데루히코

## 머리글

1994년, 나는 당시 ㈜계획기술연구소의 하야시 야스요시 소장과 함께한 연구회에서 '커뮤니티 비즈니스'라는 단어를 처음 사용하기 시작하였다. 커뮤니티에 비즈니스의 관점을 도입하여 지역사회를 되살리는 것, 자신의 활동이나 삶의 방식에 주체성을 갖는 것, 그런 현실적인 생활방식에 주목했을 때에 만들어진 것이 커뮤니티 비즈니스라는 단어이다.

1995년, 나는 커뮤니티 비즈니스연구를 위해 도쿄 스미다구(墨田区)를 조사 대상으로 삼아 그곳에 시타마치(下町)[1]의 직주(職住) 일체형 커뮤니티 비즈니스 연구회를 만들었다. 스미다구는 공장주, 상점주, 직원을 비롯한 다양한 사람들이 영세한 마을공장의 2, 3층에 사는, 주상공(住商工)이 함께 존재하는 직장과 삶이 일체화된 마을이었다.

이 마을은 기능적이고 효율적인 뉴타운에는 없는 실질적인 활력과 인간미가 있는 마을이었다. 이 연구회에 참여하면서 만난 이들이 스미다구

---

[1] [역주] 도시의 저지대에 있는 상인·장인 등이 많이 사는 지역

의 다케무라 유키마사와 ㈜계획기술 연구소의 스나가 가즈히사이다.

1996년에 들어서는 연구회에서 '커뮤니티 비즈니스란 무엇인가', '커뮤니티 비즈니스를 추진하는 인재는 어떻게 육성해야 하는가?' 등에 대해 논의하였다. 이러한 문제의식하에 3년간에 걸쳐 다마대학의 그레고리 클락 학장, 호시노 쿄미 교수님, 모찌즈키 데루히코 교수님을 비롯하여 많은 교수님과 함께 '커뮤니티론', '커뮤니티 비즈니스론'의 심포지엄과 공개강좌를 열었다. 이를 통해 '마을 만들기'나 NPO 관계자 등 많은 인맥을 형성할 수 있었다.

1997년에는 이러한 일련의 활동들을 확대시키고자 하는 의욕이 높아져, 같은 해 3월, 스미다구 긴시쵸(錦糸町)에 '커뮤니티 비즈니스 네트워크 설립 준비회'라는 시민단체를 설립하였다. 100명에 달하는 동료가 모였으며, 커뮤니티 비즈니스의 꿈은 확대되었다. 이때부터 같은 뜻을 두고 활동한 이들이 마쓰자와 준코(松澤淳子)와 사이토 치카라(斎藤主税)다. 처음에는 이 '커뮤니티 비즈니스 네트워크 설립 준비회'는 내가 소속되어 있는 ㈜휴먼르네상스 연구소 내에 본부를 두었다. 그러나 지역 내에 커뮤니티 비즈니스의 창업을 지원하기 위해 1998년 2월에 스미다구 료고쿠역(両国駅) 앞으로 이동하여, 다케무라가 대표로 근무하는 (유)스미다 리버사이트 네트와 공동으로 사무소를 열게 되었다. 이렇게 현장에서 공동개발에 의해 커뮤니티 비즈니스 창업을 지원함으로써, 현장에서 다양한 지원 프로그램을 만들어낼 수 있었으며, 많은 지역주민과 학생 자원봉사자가 참여할 수 있게 되었다. 이 봉사활동에 참여해준 것이 이번 집필진의 한 사람 기무라 마사키이다. 그리고 2000년 7월에 커뮤니티 비즈니스 네트워크는 '설립 준비회'에서 분리되어 회원주체 시민단체로서 완전히 독립하게 되었다. 그 전까지 사무국장을 맡고 있었던 나는, 시민단체로 독립한 이후 이사장으로 취임하여 현재까지 근무하고 있다.

지금까지 커뮤니티 비즈니스의 내력이나 커뮤니티 비즈니스를 지원하는 시민단체, 커뮤니티 비즈니스 네트워크의 성장을 소개하였다. 나는 이번에 1994년부터 함께 한 파트너들과 함께 커뮤니티 비즈니스에 관한 3번째 책(이미 『커뮤니티 비즈니스』, 『시민기업』을 발간)을 발간하게 되었다. 이 책은 그동안 커뮤니티 비즈니스 현장에서 경험한 시행착오를 바탕으로 해서 만들어진 것이다. 결코 책상에 앉아 만들어낸 탁상공론이 아님을 분명히 밝혀둔다.

일본의 지역사회는 좀처럼 푸른 하늘이 보이지 않는 답답한 일본의 사회경제 구조 때문인지, 최근 들어 자치회, 상점가, '마을 만들기' 회사, NPO, 중앙관청, 지자체로부터 커뮤니티 비즈니스에 관한 문의가 많고, 내가 비상근 강사로 나가고 있는 대학에서도 커뮤니티 비즈니스를 이수하는 학생이 갑자기 증가하고 있다. 이 책이 그 모든 분께 도움이 된다면 집필자 일동은 무척 기쁠 것이다.

마지막으로, 이 책의 출판을 기꺼이 허락해주신 주식회사 교세이 관계자 분들께 다시 한번 감사의 말씀을 드린다.

2001년 1월 1일 다마언덕에서 첫 일출을 바라보며<br/>호소우치 노부타카

# 차례

뿌리총서를 발간하며 | 창조적인 지역 만들기를 위하여    5
발간에 붙여    9
머리글    11

## 서장 커뮤니티 비즈니스란 무엇인가?    19
  1. 커뮤니티 비즈니스의 특징    21
  2. 커뮤니티 비즈니스의 탄생    23
  3. 커뮤니티 비즈니스의 효과    26
  4. 커뮤니티 비즈니스로 시민사회를    28
  5. 직주(職住)일체의 생활 비즈니스가 마을을 건강하게 한다.    31

## 제1장 '마을 만들기'와 커뮤니티 비즈니스    33
  1. 현대사회에 대한 관점    36
  2. 대경쟁과 상호부조가 공존하는 지역사회(마을) 만들기    38
  3. 새로운 사회적 경제조직·사회적 기업(커뮤니티 비즈니스)    42
  4. 커뮤니티 비즈니스와 "LETS"의 자원봉사 관계    43
  5. 커뮤니티 비즈니스로 지역사회 만들기    47

  6. 커뮤니티와 비즈니스의 관계                                      51
  7. 커뮤니티 비즈니스의 자율지향적인 움직임               54
  8. 지방분권을 위하여. 지역 역량의 시대                  56
  9. 새로운 지역경영과 커뮤니티 경영 모델                57
 10. 커뮤니티 비즈니스적 사업의 이미지                   59
 11. 새로운 지역경제를 창출하는 주민 주도의 PFI        61
 12. 커뮤니티 비즈니스 성공으로의 길                       62

제2장 커뮤니티를 둘러싼 현재의 상황                       67
  1. 팽창하는 커뮤니티—커뮤니티 개념의 변화            68
  2. 공동화하는 '지역' 커뮤니티
     —라이프스타일의 변화로 인한 전통적인 관계의 붕괴    70
  3. 다발하는 지역문제
     —자동해결장치의 붕괴와 새로운 해결 계획의 필요성    72
  4. 다양해지는 이해관계와 조정의 어려움
     —지금 지역 커뮤니티에 필요한 것                        74
  5. 살기 좋은 마을을 위하여
     —지역 커뮤니티의 재생을 위하여                          78

제3장 커뮤니티 비즈니스에서 각 주체의 역할              81
  1. 개인~또 하나의 자신을 찾아~
     —당신은 지금 지역주민으로서의'얼굴'을 가지고 있습니까?  82
  2. 자치체~새로운 지역 서비스 조직으로의 비약~
     —지역주민과 공생하는 조직이 되기 위하여              90

3. 기업~진정한 '기업시민'을 향하여~
      ―기업활동을 통해 지역에 공헌할 수 있는 것　　　96

제4장 21세기 지역경영의 시책 전망　　　103
   1. 새로운 사회 문제와 개인의 관계　　　104
   2. 풍요로운 지역사회 만들기　　　106
   3. 커뮤니티 비즈니스로 인해 기대되는 효과　　　107
   4. 새로운 지역경영을 목표로　　　109
   5. 중간지원기관(intermediary)은 지역경영의 토대　　　112
   6. 21세기 지역경영의 관점　　　114

제5장 커뮤니티 비즈니스의 실천사례　　　123
   물레방아 소바 가게(水車蕎麦の店) 모리 소바집(森のそば屋)　124
   코코팜 와이너리(winery)(도치키현 아시카가시栃木県足利市)　132
   스미다 리버사이드 네트(도쿄도 스미다구 東京都墨田区)　141
   NPO·FUSION 나가이케(長池) 도쿄 하찌오지시(八王子市)　151
   시네윈드(니가타현 니가타시 新潟県 新潟市)　161
   프리크 포켓(Freak Pocket)(도야마현富山県 도야마시富山市)　171
   나라와(成岩) 스포츠클럽(아이치현愛知県 한다시半田市)　181

종장 커뮤니티 비즈니스에 거는 기대와 전망　　　193
   1. 커뮤니티 비즈니스의 의의　　　194
   2. 커뮤니티를 이해하기 위한 네 개의 축　　　197
   3. 커뮤니티 비즈니스의 사업영역과 평가　　　199

4. 커뮤니티 비즈니스의 발전 과정                202
    5. NPO는 커뮤니티 비즈니스의 한 형태            205
    6. 커뮤니티 비즈니스의 성공요인                  206
    7. 중간지원기관의 설립을                         209
    8. 자금이 지역 내에서 순환하는 시스템            211
    9. 커뮤니티 비즈니스가 '새로운 사회 문제'를 초래하다.   213


역자후기                                              215
글의 발표지 및 수록지                                  217
참고문헌                                              218

## 서장

커뮤니티 비스니스란 무엇인가?

'커뮤니티 비즈니스'란 말은 1994년부터 우리가 만들어 사용하기 시작한 일본제영어(和製英語)[1]이다.

일본은 버블경제 붕괴 후, 오사카를 중심으로 황폐화된 지역이 증가하는 등의 일본형 이너시티(inner city)[2] 문제가 발생하였다. 이러한 지역을 활성화시키기 위한 방안을 찾기 위하여 우리는 이너시티 문제 연구에 몰두하기 시작했다. 그런 가운데서 나온 것이 커뮤니티 비즈니스라는 단어이다. 커뮤니티 비즈니스는 커뮤니티에 비즈니스라는 단어를 붙인 것이지만, 처음부터 돈을 받아서 운영한다는 것을 의미하지는 않는다. 그전에 뛰어넘어야 할 장애물이 여러 가지 있기 때문이다. 그럴 때는 우선 커뮤니티 워크, 즉 지역 내부의 활동부터 시작하는 것이 가장 쉽다. 지역 활동이라는 것은 마음만 있으면 혼자서도 시작할 수 있는 것이다.

예를 들어, 매주 거동이 불편한 노인들에게 도시락을 배달해주는 봉사를 시작했다고 하자. 이렇게 지역의 어려운 문제를 해결하고자 하는 선의의 행동을 지속적이고 신뢰할 수 있는 비즈니스에 의해 한다는 것이 커뮤니티 비즈니스의 기본적인 사고방식이다.

---

[1] [역주] 일본에서 영어 단어를 조합 혹은 변경하여 만들어낸 단어
[2] [역주] 인구의 급격한 유출로 인하여 퇴화·슬럼화된 대도시 중심부

커뮤니티 비즈니스는 자신이 살고 있는 지역을 건강하게 만드는 주민주체의 지역사업이라고 할 수 있다. 따라서 지금까지 정부나 대기업에 제공하는 상품·서비스와는 달리, 주민 스스로가 지역의 어려움을 해결하고 삶의 질을 높이기 위한 활동을 비즈니스로 전개하려는 것이다. 비즈니스에는 책임감과 지속성이 필요하다. 주민 스스로가 지역을 건강하게 만들기 위하여 지역의 문제해결에 주체적으로 참여하는 사업을 '커뮤니티 비즈니스'라고 할 수 있다.

## 1. 커뮤니티 비즈니스의 특징

커뮤니티 비즈니스가 일반 기업과 크게 다른 점은, '지역을 위해서', '사람을 위해서' 같은 일의 의의, 의미를 추구한다는 것이다. 물론 우리는 기업사회를 부정하는 것은 아니다. 기업은 기업 나름의 사회적 역할이 있다. 다만 기업은 영리추구를 제일로 하는 데 반해, 커뮤니티 비즈니스는 사업의 의미나 의의를 행동의 가치기준으로 한다. 앞에서 예를 들었듯이, 매주 도시락을 만들어서 혼자 사는 할머니께 가져다 드리면, 할머니는 기뻐하며 웃는 얼굴로 "정말 고마워요!"라고 인사를 한다. 일단 비즈니스로서 채산이 맞아야 하지만, 커뮤니티 워크나 커뮤니티 비즈니스를 해나갈 때는 이런 점들이 상당히 중요한 의미를 갖게 된다. 비즈니스라는 단어에서 알 수 있듯이, 커뮤니티 비즈니스는 지속성을 전제로 하면서 적자를 내지 않고 조직을 유지해가는 것이 중요하다.

커뮤니티 비즈니스는 주민이 주체가 되어 지역에 필요한 일을 사업화한 것으로, '얼굴이 보이는 관계'[3] 속에서 비즈니스가 성립된다. 따라서 이익추구를 최우선으로 하지 않으며, 적정규모·적정이익의 비즈니스를 목표로

**표 1. 커뮤니티 비즈니스의 특징**

- 주민주체의 지역밀착형 비즈니스
- 이익추구를 최우선으로 하지 않는, 적정규모·적정이익의 비즈니스
- 영리를 최우선으로 하는 비즈니스와 자원봉사 활동의 중간적인 비즈니스
- 전 지구적인 관점에서 행동은 지역적으로 하는 개방형 비즈니스

하여 전개해 간다는 것이 두 번째 특징이다.

세 번째 특징은 영리를 최우선으로 하는 비즈니스와 자원봉사활동의 중간영역에 있다는 점이다. 이러한 비즈니스의 형태는 지금까지 일본사회에 없었으며, 있다고 하더라도 아주 취약했던 부분이다. 일본에서 기업은 최대한 영리를 추구하는 것이며, 자원봉사는 무료라는 오해가 있다. 지금까지 일본에는 지역에 뿌리내리고 따뜻하게 얼굴이 보이는 관계에서 사업을 하면서 동시에 거기서 일하는 사람이 먹고살 수도 있는 일은 거의 없었으며, 있다고 해도 그 존재가 거의 눈에 띄지 않았었다. 그러니까 커뮤니티 비즈니스는 얼굴이 보이는 관계 속에서 적정규모·적정이익을 추구하는 비즈니스로 만들어가는 것이 중요하다. 이와 관련하여, 자원봉사활동에서 영리를 최우선시하는 비즈니스까지의 영역은 커뮤니티 워크에서 커뮤니티 비즈니스로의 발전하는 영역과 일치한다.

현재 일본 각지에서 다양한 커뮤니티 비즈니스가 싹트고 있다. 이를 조사·분석해 보면 다음과 같은 특징이 있다. 우선 사업의 시야는 글로벌, 즉 전 지구적인 관점에서 지역사업(커뮤니티 비즈니스)을 생각하며, 그리고 행동·액션은 로컬, 즉 지역에 뿌리를 둔 형태로 이루어지고 있다. 거기에 또 하나의 특징으로 개방형 비즈니스를 들 수 있다. 예를 들자면, 관계자와

---

[3] [역주] 이 책에서 '얼굴'이 의미하는 바에 대해서는 제3장을 참조하기 바람

정보를 공유하는 것이다. 얼굴이 보이는 관계를 기본으로 정보를 공유하는 것은 신뢰감이나 유대감을 강화하고 일체감을 형성하는 데 바탕이 된다.

이러한 커뮤니티 비즈니스의 특징을 정리한 것이 다음의 〔표 1〕이다.

## 2. 커뮤니티 비즈니스의 탄생

커뮤니티 비즈니스가 지역의 어려운 문제에 대한 대응으로서 시작되는 경우는, 주민의 '걱정스러운 말 한마디'가 계기가 되는 일이 많다.

예를 들어 "저기 사는 할머니가 거동이 불편한데, 어떻게 하지?"라는 작은 관심에서 행동이 시작된다. 맨 처음에는 한 사람이 자원봉사활동을 시작한다. 그러면 "무엇이 문제일까?"하고 주위 사람들이 관심을 갖기 시작한다. 그리고 그것이 입에서 입으로 전달되어 점점 퍼져간다. 커뮤니티 비즈니스는 이렇게 한 사람이 시작하는 시민기업가 타입도 있고, 같은 뜻을 가진 사람들 몇 명이 팀을 만들어 지역을 위한 사업을 시작하는 '7명의 사무라이' 타입도 있다.

나가노현(長野県)의 인구가 적은 마을인 쇼가와(小川)촌에서는, "우리 마을에는 도무지 산업다운 것이 없어. 모두가 모여서 어떻게든 마을을 다시 일으켜봅시다!"라는 움직임이 일어났다. 이렇게 해서 '쇼가와 마을'이라는 회사를 세워, 나가노현 도시부에서 향토식인 '오야키'[4]를 파는 사업을 시작했다. 이 사업의 일손은 마을에 살고 있는 60세를 넘은 할머니들이었다. 이것이 인구가 적고 고령자가 많이 사는 마을에서 생겨난 커뮤니티 비즈니스

---

[4] 밀가루 반죽을 하여 속에 팥이나 채소 같은 속을 넣은 후 양면을 구운 향토식 과자

오가와촌의 장의 두부구이 공방
건강한 할머니들을 동원해 활용하고 있다

기업의 좋은 예이다.

'쇼가와 마을'에서는 그동안 고도공업사회에서 뒷전으로 밀려나 있던 사람들이나 원재료, 건물 등을 잘 활용해서 비즈니스를 하고 있다. 조금 더 자세히 살펴보면, 사원 100명의 80%를 60세 이상의 할머니들이 차지하고 있다. 각 마을마다 '공방'이라는 이름의 작은 오야키 공장을 세워, 할머니들이 걸어서 15분 이내에 통근할 수 있도록 한 직주(職住) 근접의 작업 형태를 만들고 있다. 지금까지 고도공업사회에서는 마을 중심에 큰 오야키 공장을 세워서 작은 버스로 종업원을 데리러 가는 방식이었다. 즉 큰 공장의 효율을 가장 중요하게 생각했다. 그러나 이곳에서는 60세가 넘는 할머니들이 혼자 걸어 다닐 수 있는 곳에 '공방'이라는 이름의 작은 공장을 만들어서 적은 수만으로 운영하고 있다. 또한 공장시설도 지금은 사용하지 않는 양잠용 건물이나 농협의 유휴시설을 활용하고 있다.

이렇게 지금까지 고도공업사회에서 귀찮은 존재로 겉돌기만 했던 사람이나 물건을 잘 조합하여 사업을 전개한 것이 이 '쇼가와 마을'이다. '쇼가와 마을'은 마을을 활성화시켜 보자는 '7인의 사무라이(마을 출신의 향토애를 가진 사람들이 중심)'가 모여서 시작한 지역을 위한 사업, 즉 커뮤니티 비즈니스인 것이다.

또 하나의 사례로 인터넷 기술을 활용하여 지역 커뮤니티 네트워크 만들기를 하는 회사인 '스미다 리버사이트 네트'가 있다. 스미다 리버사이드 네트는 우리 커뮤니티 비즈니스 네트워크와 함께 도쿄의 스미다구 료고쿠

(両国)역 앞에 공동사무소를 사용하고 있다. 본래 이회사의 구성원들은 중소기업자들로서 컴퓨터를 잘 다루는 사람들이 중심이 되어 회사를 만들었다(자세한 것은 제5장 제3절 참조). 여기서 우리가 함께 한 것은 'SOHO for Mothers'다. 이것은 어머니들이 컴퓨터를 사용해서 할 수 있는 일을 사업화한 것으로, PTA에서 알게 된 어머니들을 중심으로 홈페이지 작성업무를 담당하고 있다.

SOHO for Mothers(어머니들의 집)의 어머니들

유사한 지역에 있는 어머니들의 홈페이지만들기

1998년 4월, 료고쿠의 사무소에서 홈페이지 작성 강습회를 개최하였다. 지금까지 약 40명 가까운 사람이 거기서 공부를 했다. 강습비를 지불하지 않으면 좀처럼 열심히 하지 않기 때문에 강습비로 1만 엔을 받고 있다. 이 강습회에서 지역의 법인회에 속한 술가게, 과자가게, 작은 공장 등의 홈페이지를 만들고, 지역신문의 인터넷 판을 만드는 사업이 창출되었다. 우리 커뮤니티 비즈니스 네트워크의 홈페이지도 그 어머니들이 만들었다. 어머니들이 만든 홈페이지는 지역에서도 매우 평판이 좋다. 이제는 거의 프로 수준에 이르렀다고 해도 과언이 아니다.

이렇게 어머니들이 만든 홈페이지로 지역을 소개하는 것이 지역 커뮤니티를 점점 건강하게 만든다. 그것은 어머니들이 가정이나 지역의 주역이기 때문이다. '지역을 건강하게 만드는 활동이나 사업'에는 지역에 따라 다양한 형태가 있다. 그렇기 때문에 우선 기업의 목적, 비즈니스화의 목적을 명확히 한 다음에 "생활의 질을 향상시키기 위한 방법으로는 어떤 것이 있을까?", 또한 "자아실현을 위해서 일을 하려면 어떻게 해야 하는가?" 등을 생각하여 방법을 찾는 것이 중요하다. 지금까지처럼 남에게 종속되어 일하는 것이 아니라, 자신이 주체가 되는 일의 방식, 즉 작업 스타일을 자신이 주도하는 주체성이 중요한 것이다.

앞으로 일본 사회에는 더욱 많은 선택지가 있고 다양성 있는 사회로 변화되어야 한다고 생각한다. 대기업과 시민 주체의 커뮤니티 비즈니스가 공존하는 가운데, 둘 중 어느 쪽을 택할 것인지는 그 안에 사는 사람이 스스로 결정할 수 있는 사회가 되면 좋지 않을까 한다. 개인의 생계를 위한 경제적 기반은 대기업에 근무함으로써 만들 수도 있지만, 커뮤니티 비즈니스에서도 만들 수 있다. 지역 안에 양자가 공존하는 것이 중요하다.

커뮤니티 비즈니스에는 생활과 관련된 다양한 사업 분야가 있다. 그 중 10가지를 이 책에서 소개하고 있다(47페이지 참조). 이 10개 분야는 넓은 의미에서의 '마을 만들기'와 같은 자리매김도 가능하다고 생각한다.


### 3. 커뮤니티 비즈니스의 효과

한 지역에서 커뮤니티 비즈니스를 통하여 기대할 수 있는 효과는 표 2와 같다.

첫 번째 효과는 인간성 회복이다. 이는 개인의 일하는 보람과 삶의 보람 그리고 자아실현으로 연결된다. 앞에서 소개한 '쇼가와 마을'을 다시 한 번 살펴보자. '쇼가와 마을'에서 일하는 할머니들 가운데 5~6명이 매년 미국 로스앤젤레스의 '재팬 엑스포'에 참가하여 직접 그 자리에서 오야키를

표 2. 기대되는 커뮤니티 비즈니스의 효과

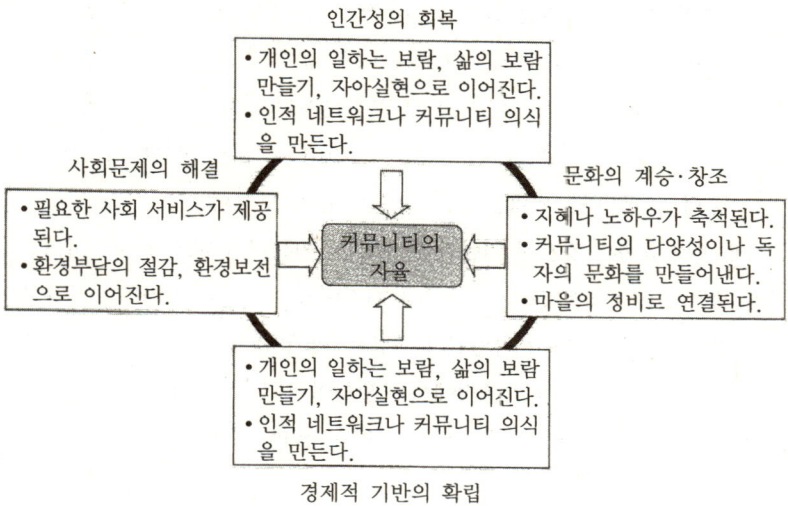

구워 판매하는 기회를 가지게 되었다. 할머니들은 어떻게 변했을까? 처음 해외에 나가게 된 할머니들은 우선 영어회화 공부를 시작했다. 그리고 지금까지 좀처럼 화장을 하지 않았던 이들이 다시 화장을 하기 시작했고, 매사에 의욕을 보이기 시작했다. 건강도 좋아지고, 수입으로 손자들에게 용돈도 주면서 자기만족도 얻을 수 있었다. 그러나 무엇보다 중요한 것은 일하는 보람을 되찾았다는 사실이다.

두 번째 효과로 지역사회의 문제해결을 생각해볼 수 있다. 스미다구의 소메야상점(染谷商店)은 폐유회수 업자로, 레스토랑이나 가정에서 회수한 튀김 기름을 재활용하여 자동차 오일로 활용하고 있다. 이렇게 지역 내에서 재활용을 실시하여 환경부담을 줄임으로써 지역문제 해결에 도움이 되는 것을 사업화하는 것도 커뮤니티 비즈니스로서 중요하다. 그야말로 사회문제를 해결하는 것이다.
 세 번째 효과는 생활문화의 계승과 창조다. 지역사회가 약해지면 오미코시(お神輿)[5]를 지거나 마차를 끌 젊은이가 없어져 점차 마츠리를 할 수 없게 된다. 커뮤니티 비즈니스는 이러한 문화를 계승하는 동시에 지혜나 노하우를 지역사회에 축적해가는 효과도 가지고 있다. 커뮤니티의 다양성과 커뮤니티 독자의 생활문화를 만들어내는 것이다.
 네 번째 효과는 경제적 기반의 확립이다. 커뮤니티 비즈니스는 비즈니스이기 때문에 지역에서 조금씩 자금이 회전되기 시작한다. 그리고 점차적으로 지역의 경제적 기반이 확립된다. 지역사회에 유익하다는 것만으로 조직이 성립되지는 않는다. 적자조직에서는 활동이 지속될 수 없다. 그런 의미에서 적어도 조직을 유지할 수 있는 수익을 올려 적자를 내지 않도록 할 필요가 있다.


## 4. 커뮤니티 비즈니스로 시민사회를

 일본사회는 아직 시민이 주체가 되는 사회경제 구조가 아니다. 따라서 그다지 경쟁이 심하지 않다. 그러나 앞으로는 정부, 기업, 시민 각 부문에서 서비스를 제공하는 사업체를 시민이 직접 선택하는 시대가 올 것이다. 그렇게 되면 이 삼자간의 경쟁이 나타날 가능성이 크다.
 예를 들어 북유럽의 어떤 지자체가 노인 간병복지 관계의 예산을 10억 엔 상정했다고 하자. 그런데 시민들이 만든 NPO법인이 8억 엔으로 노인

---

[5] [역주] 제례 등이 있을 때 신체를 모시고 메는 가마

간병복지 서비스를 제공할 수 있다고 하면, 의회는 NPO법인에 일을 맡기게 된다. 시민이 세운 사업체가 정부를 대신하게 되고 결과적으로 정부와 시민단체간 선의의 경쟁이 일어나게 되는 것이다.

지금까지 일본에서는 지역사회의 일은 모두 행정당국에 맡기면 된다고 생각했다. 그러나 미국이나 영국과 같이 민주주의가 발달되어 있는 나라에서는, 시민 스스로가 어떻게 공공 부분(퍼블릭=자신들의 일)에 참여하면 좋을 것인가에 대한 문제의식하에, 정부, 민간기업, 시민이 각자 할 수 있는 것과 할 수 없는 것을 파악하여 역할분담을 하고 파트너십에 기초해서 공동으로 지역의 문제에 대응하고 있다. 일본도 지금까지 행정당국에 맡겨온 것, 또는 행정당국이 일방적으로 세운 지역계획 등을 시민 스스로가 자신들의 생각에 따라 실행에 옮기는 시대가 된 것이다.

커뮤니티 비즈니스는 혼자서도 가능하다. 지역에서 혼자서 시작해도, "저 녀석, 재미있는 일을 하고 있네." "저 사람, 재미있는 것을 하고 있어, 나도 하고 싶어!"라는 식으로 뜻을 같이하는 사람들이 모여 클럽으로 발전한다. 커뮤니티 비즈니스는 이러한 클럽에서 시작되는 경우도 적지 않다. 그 좋은 예가 앞에서 말한 배식서비스이다. 이웃의 할머니가 혼자서 밥을 짓기가 점점 어려워진다. 그때 어떤 사람이 지역활동의 일환으로 자원봉사를 한다. 평판이 좋아 입소문이 나면 10명분의 식사를 만들게 된다. 함께 만드는 동료도 생긴다. 그러면 매상이 올라가고, 매상이 오르면 일이 즐거워진다.

그때 클럽의 단계가 발달해서 협동조합적인 조직, 예컨대 워커즈 콜렉티브가 형성된다. 법률적으로는 기업조합이 탄생하는 것이다. 즉 클럽단계까지는 아직 커뮤니티 워크=지역활동인데, 도시락 판매가 증가함에 따라 활동이 협동조합 같은 성격을 띠게 된다. 이때 워커즈 콜렉티브를 만들어, 기업조합으로서 사업을 발전시키게 된다. 그런데 장사가 점점 더 재미있어져, 기업이 되는 경우도 있다. 그렇게 되면 매상을 높일 뿐만 아니라 이익도 조정하게 된다. 즉 사업활동은 판매의 이익을 따지고, 조직을 유지하기 위한 이익을 추구하고 그 이익을 재투자하게 된다. 기업이 되더라도, 지역의 클럽이나 조합에 경제적 지원을 하면 된다. 즉 지역사회를 기반으로 서로 돕는 관계를 만드는 것이 중요하다. 그러나 일본에서 '기업 죠카마치(城下町)[6] 기업의 성쇠가도시의 성쇠에 직결되는 도시'라고 불리는 곳은 기업밖에 없는 곳이 많다. 지역사회가 기업에만 의지하게 된다면, 경기가 나빠져서 그 기업이 지역사회에서 철수하게 될 경우 지역의 경제는 큰 타격을 입게 된다. 그러나 다수의 클럽이 존재하여 다수의 조합형 조직들과 서로 보완하여 지역을 활성화시키고자 파트너십을 지속해간다면, 그 지역은 다양성이 공존하여 쉽게 무너지지 않을 것이다.

커뮤니티 비즈니스에는 지역에서 지지해주는 동료가 있다. 그 동료는 지금까지 기업사회와는 조금 다른 '얼굴이 보이는 관계'에서 커뮤니티 비즈니스를 지원해주는 사람들이다.

첫째로 후원자가 있다. 후원자는 기부를 해준다. 두 번째는 파트너다. 파트너는 어쩌면 유한회사를 시작할 때에 출자를 해 줄지도 모른다. 때에 따라서는 출자에 그치지 않고 경영자로서 참여할 수도 있다. 세 번째는 축구에서도 등장하는 서포터. 봉사로 협력하는 시민 서포터가 존재한다. 그리고 마지막으로, 사업을 시작할 때는 돈이 있어야 하는데, 그런 점에서 재무 부문을 담당하는 은행도 필요하다. 은행은 커뮤니티 비즈니스의 사업 수지를 분석하여 투자를 하고, 때에 따라서는 정부 보조금을 알선하기도 한다. 이러한 진정한 의미에서의 은행이 일본에 필요하다. 예를 들어,

---

[6] 企業 城下町 특정한 하나의 기업 사무소나 공장이 지역산업의 대부분을 차지하는 도시.

다치나바 긴지 상점의 이벤트 풍경
실버카드를 발행해 나이든 사람들에게 편한 상점가

커뮤니티 비즈니스로 빵 가게를 할 경우, 빵채(債)를 발행하여 4년 상환으로 한번에 10만 엔, 금리분 5%를 자기 가게의 빵 쿠폰으로 배부하도록 하는 사람도 있다. 지원해 준 사람이 쿠폰을 바꾸러 갔을 때, 빵의 맛에 대해 이야기하면서 응원해준다. 지역에서 사업을 전개해나가려면, 이러한 후원자나 파트너, 서포터의 존재가 반드시 필요하다. 커뮤니티 비즈니스 기업의 경우에는 지역에서 '얼굴이 보이는 관계'에서 자신이 하고 싶은 것이 무엇인지 정리하여, 응원해주는 동지를 키워낼 필요가 있다.


### 5. 직주(職住)일체의 생활 비즈니스가 마을을 건강하게 한다.

커뮤니티 비즈니스는 그렇게 크지 않아도 좋다. 지역에서 '얼굴이 보이는 관계'에서 자신이 할 수 있는 것부터 시작해서, 자기 눈높이에 맞는 생활사업을 하면, 그것이 성공하는 지름길이 된다. 당연히 그 생활은 직주일체·직주근접형이 된다.

현재 도쿄의 스미다구에서는 직주일체·직주근접형 생활을 하면서 자기 눈높이에 맞고 지역의 환경에 부담을 적게 주는, 지역과 사람들에게 도움이 되는 일을 커뮤니티 비즈니스로 사업화하는 사례가 적지 않다. 지금까지 고도공업사회에서는 크고 효율적인 것을 중요시해왔다. 인간생활도 그런 기준에서 평가되었다. 그러나 앞으로의 사회에서는 복잡하게 얽힌 이익과 가치관의 다양성을 인정하면서, 작지만 멋진 삶을 가능하게 하는 커뮤니티 비즈니스처럼, 직장과 주거지가 일체화된 풍요로운 생활권에서 살아가는 것을 추구하게 될 것이다. 이러한 사회를 만들기 위해서는 지역주민 한 사람 한 사람이 다시 한번 자기 자신의 생활을 되돌아보고, 지역 환경의 부담을 줄이기 위한 생활방식을 실천하는 자세가 필요하다. 커뮤니티 비즈니스를 통해 생계를 유지하면서, 지역커뮤니티에도 공헌할 수 있는 일자리가 많이 만들어짐으로써 사회경제의 변화에 강하고 건강한 지역사회가 만들어지게 된다.

나는 이렇게 직주가 일체화된 풍요로운 생활권이 있는 지역사회를 인간성 회복과 새로운 경제에 의한 자율형 지역사회라고 부르고 있다. 본서는 이 명제를 밝히기 위한 첫걸음이 되고 있다.

제1장

'마을 만들기'와 커뮤니티 비즈니스

'마을 만들기'의 관점에서 커뮤니티 비즈니스를 생각하면, 직주(職住)가 일체화된 생활 비즈니스를 커뮤니티 비즈니스라고 해도 좋을 것이다. 이런 의미에서 앞으로의 지역사회는 사는 곳과 일하는 곳이 하나가 되는 '마을 만들기'가 전제된다고 생각한다.

우선 앞으로의 '마을 만들기'는 지금까지의 시설 중심에서 벗어나 우리의 생활에 이바지하는 상품, 서비스 및 모든 생활환경을 포함한 '토탈 마을 만들기' 방식으로 변하게 되리라 생각한다. 이에 따라서 공급자는 직주일체의 생활권 안에서 '그 생활권에 적합한 상품과 서비스를 어떻게 제공할 것인가?'라는 관점에서 생활공간을 창조하게 될 것이다. 이러한 관점에서 철도사업을 생각해 보자. 직장과 주거지가 분리되어 있는 상태에서 단순히 사람을 운반하는 방식의 철도사업이 앞으로는 직주일체의 생활을 염두에 두고 '지역의 역량을 살리기 위해서는 어떠한 서비스를 제공해야 하는가?'의 관점으로 새로운 철도사업을 전개하게 될 것이다.

우리는 1994년부터 화제영어(和製英語)로 '커뮤니티 비즈니스'라는 단어를 사용하기 시작했다(이 활동의 성과는 쥬오(中央)대학교 출판부에서 '커뮤니티 비즈니스'라는 제목으로 1999년 10월에 출판하였다. 94년부터 6년간에 이르는 활동을 집대성하였다). 우리는 '커뮤니티 비즈니스'라는 단어를 설명할 때, 상대에 따라서 조금씩 다르게 설명하고 있다.

아이들에게 설명할 때 우리는 '마을에 유익한 일'이라고 말한다. 우리가 감수·발행한 커뮤니티 비즈니스 그림책 '마을에 유익한 일'은 도쿄 스미다구의 커뮤니티 비즈니스(사례 6)를 예로 들어, '마을에 유익한 일로 소개하고 있다. 이 그림책은 타로라는 소년이 '우리 마을에 어떤 일이 있나?'라는 의문을 가지고 탐험에 나서는 이야기이다. 예를 들어 스미다구에는 빗물을 받는 물받이를 만들어 판매하는 분이 있다. 이것도 하나의 커뮤니티 비즈니스다. 이런 마을의 일, 즉 사람들이 기뻐하고 자연에도 좋은 일을 어린이들에게는 '마을에 유익한 일'이라고 말한다. 어머니들에게 커뮤니티 비즈니스를 소개할 때에는 '생활 비즈니스'이며 '생활을 지원하는 비즈니스'라고 소개한다. 또한 전문가에게 말할 때에는 앞으로의 사회에 필요한 일의 방식, 생활방식, 삶의 방식이라는 의미를 커뮤니티 비즈니스라는 단어에 포함시켜 전달하고 있다.

우리는 커뮤니티 비즈니스의 또 하나의 의미로서 '사회적 기업'이라는 단어를 사용하며, 소셜 엔터프라이즈(social enterprise)라고 말한다. 유럽에서는 커뮤니티 비즈니스를 포함하여 시민들이 시작하여 만들어내는 새로운 경제, 즉 사회적 경제인 소셜 이코노미(social economy)라는 단어를 사용하고 있다. 우리는 그 예를 영국의 경우에서 찾아볼 수 있다. '요람에서 무덤까지'로 대표되는 영국의 복지국가 형태는 1950년대와 60년대에 발전했다. 그러나 결국 영국병이라 일컬어지면서 나라가 쇠퇴해갔다. 우리가 일본식 영어라고 생각했던 '커뮤니티 비즈니스'는 1970년대 후반부터 영국에서도 같은 의미로 쓰였다. 80년대부터는 주민 주체의 지역사업을 의미하게 되어, 영국의 북부(스코틀랜드)에서 커뮤니티 비즈니스라고 하면, 주민주체의 커뮤니티 재생사업을 가리키며, 지역밀착형 비즈니스로서 성행했다. 나는 98년 3월부터 커뮤니티 비즈니스 스코틀랜드라는 영국의 시민단체와 교류모임을 갖고 있다. 쇠퇴해가는 지역사회를 어떻게 다시 세워갈 것인가?

지역사회에 비즈니스의 관점을 도입한다는 것은 무엇을 의미하는가? 그때, 주체자는 누구인가? 주민이 주체가 되고 지자체나 기업도 그 파트너로 지역사회 안에서 공존공영하고 있는 영국의 조직을 보면서 우리는 우리의 생각이 옳았음을 확인했다. 이상과 같은 커뮤니티 비즈니스의 의미에 비추어 볼 때, 앞으로 일본사회에서도 커뮤니티 비즈니스라는 사회적 기업을 많이 만들어낼 필요가 있다고 생각한다(앞으로 10년간 일본에서 발생하리라 예상되는 사회문제에 대해서는 제4장의 〔표 1〕을 참조).

## 1. 현대사회에 대한 관점

지금 일본 사회는 돌파구가 없이 꽉 막혀있는 느낌이라고들 한다. 인간에게 생활의 풍요로움이란 무엇인가? 우리는 지금 우리가 살아가는 방식, 일하는 방식에서 진정한 풍요로움을 느끼지 못하고 있다. 삶을 풍요롭게 하고자 만들어낸 IT는 그 자체가 목적이 되어버리고 있다. 이러한 현대사회를 보면(표 1), IT만을 중시하여 생활의 공동화(空洞化)를 초래하는 것은 아닐까라는 걱정이 든다. 어린이들은 IT 사용에 아주 능숙하다. 그러나 IT중심사회에서는 생활이 공동화된다. 예를 들어 편의점 중심의 생활에서는 생활 그 자체가 공동화된다(편의점을 부정하는 것이 아니라, 생활 속에서 적절히 부분적으로 이용하는 것이 중요). 삶의 풍요로움이란 무엇인가를 생각하게 하는 경우다.

최근 널리 퍼지고 있는 '환경공생'이라는 단어를 생각해보자. 경제순환과 함께 공존하는 생활문화의 순환이 우리의 삶을 풍요롭게 하는 것이다.

일본의 지방자치는 '30% 자치'라고 할 만큼 자주재원이 아주 부족하다. 이 문제를 해결하기 위해서 자율순환형의 커뮤니티 경제 모델이 필요한

**표 1. 현대사회에 대한 관점**

- 삶의 풍요로움이란 무엇인가?
  - 경제와 문화의 순환이 고도로 이루어진 것
- IT만을 중시하는 것은 생활의 공동화 초래
  - '편의'만을 추구하면 생활이 퇴화된다. 필요한 부분에만 사용하는 것이 중요
- 자율순환형의 커뮤니티 경제모델 필요
  - 자치조직(중학교구 정도 규모의)이 단독으로 '마을 만들기' 예산을 2, 3억 엔 갖고 있는 시대
- 유럽에서는 사회민주주의 정권이 시장만능주의를 수정·재분배 실시

ⓒ 호소우치 노부타카

것은 아닐까? 나가노현(長野県) 노자와(野沢) 온천지역의 주민자치 조직인 '노자와 구미'[1]는 그 좋은 사례다. '노자와 구미'는 최근 지연(地緣)단체로 인증되었는데, 그동안은 임의단체였다. 크기는 중학교구 정도로 750세대, 인구 3,000명 정도의 지역 커뮤니티이다. 이러한 자치조직이 1~2억 엔을 '마을 만들기' 예산으로 책정하여 단독으로 마을을 경영하는 시대가 되었다. 다시 말해 '얼굴이 보이는 관계' 속에서 자신들의 마을을 직접 경영하는 시대가 된 것이다. 노자와 구미는 자신들의 마을 경영을 위한 예산을 연간 1억 엔 정도 갖고 있다. 노자와 온센무라[2]의 행정이 무라 전체의 마을 만들기를 위해 책정한 예산과 더불어, 노자와구미 단독의 마을 만들기 예산을 갖고 있는 것이 주민의 자립심을 높이고 있다. 앞으로의 시민사회에는 꼭 필요한 일이 이런 지역커뮤니티의 노력에 의해 자율순환형의 커뮤니티 경제와 독자적인 커뮤니티 문화가 만들어지는 것이다.

---

[1] [역주] 組 같은 취지와 성격을 가진 자들의 모임
[2] [역주] 村: 행정단위. 기초 자치단체

영국사회는 1980년대부터 90년대에 걸쳐 주민의 주체성 함양과 작은 정부를 목표로 변하고 있다. 지금까지 지역커뮤니티에서 정부가 담당해왔던 역할과 서비스를 반으로 줄이고 주민이 만든 커뮤니티 비즈니스에 업무를 위탁하는 것이다. 일정부분 시장주의적인 원리를 도입한 것이다. 나중에 영국의 토니 블레어 수상이 말했듯이 이러한 영국의 움직임은 이전의 복지국가나 미국식의 시장만능주의가 아닌, '제3의 길'을 추구하는 방법이었다. 유럽은 미국의 시장 만능주의와 달리 사회민주주의 정권이 시장만능주의를 수정하고 부를 재분배하는 제 3의 길을 선택하였다. 그리하여 영국에서는 1980년대 후반부터 90년대에 걸쳐 '사회적 기업'(social enterprise)의 형태로 시민의 주체성을 끌어내면서 인간성의 회복과 자율경제를 양립시키는 커뮤니티 비즈니스가 퍼져가고 있는 것이다.

'인간에게서 삶의 풍요로움이란 대체 무엇일까?', '어떻게 부를 재분배해야 하는가?'하는 인간존재의 기본적인 명제를 다시 한번 확인하고 싶다. 이를 위해서는 직주일체화를 통해 지역 커뮤니티에 뿌리내린 풍요로운 생활권을 만들어가는 것이 가장 빠른 길이 아닐까?

## 2. 대경쟁과 상호부조가 공존하는 지역사회(마을) 만들기

21세기 일본 사회는 어떤 모습일까? 우선 유통업과 금융업 둘 다 어중간한 형태로는 살아남지 못하는 시대가 될 것이다(표 2). 즉 글로벌 비즈니스와 커뮤니티 비즈니스로 양극화되는 시대로 접어들 것이라고 생각한다. 둘째로 일본 사회는 점차 계층사회로 접어들고 있다. 아직은 계층 사회의 초입단계에 있지만, 앞으로 20%의 가진 자와 80%의 가난한 자로 나뉘게 되지 않을까 염려된다. 또한 인터넷과 컴퓨터를 충분히 사용하지 못하는 'IT난민'

표 2. 커뮤니티 비즈니스에 의한 새로운 시대

1. 글로벌 비즈니스와 커뮤니티 비즈니스의 양극화의 시대
   -어중간해서는 살아남을 수 없는가
2. 계층사회로의 전주곡
   -20%의 부자와 80%의 가난한 자, IT난민도 출현
3. 정리해고에 의한 실업률의 상승과 본격적인 고령사회
   -젊은층의 잠재적 실업률은 이미 10%를 넘었다. 그리고 시간이 있는 고령자들
4. 커뮤니티 비즈니스는 사회경제구조를 변하게 하는 하나의 수단
   -지역 커뮤니티는 안심하고 살 수 있는 '주거지'가 될 수 있을까

ⓒ 호소우치 노부타카

이 출현하여 IT사용자와의 사이에 빈부격차가 발생할 것이다. 마지막으로 글로벌 비즈니스와 커뮤니티 비즈니스의 양극화에 따라, 글로벌 비즈니스는 경쟁에서 살아남기 위해 기업의 몸집을 줄여갈 것이며, 대기업에서 구조조정에 의해 물러난 아버지들이 지역과 가정으로 돌아오게 될 것이다. 현재는 구조조정에 의한 실업률이 5% 전후이지만, 과거 영국이나 미국의 경우를 보면 이 비율은 점점 높아져서 두 자리 수에 이를 것이다.

80년대 영국에서는, 국가 전체의 실업률이 10%가 되자 기업 죠카마치 가운데서도 쇠퇴한 지역 커뮤니티에서는 실업률이 30~40%에 달했다. 그렇게 되면 생활 관련 상품과 서비스를 제공하는 사업체가 빠져나간다. 보육원이 사라진다. 세탁소가 없어진다. 레스토랑도 사라진다. 그러면 그 연쇄반응으로 일부의 시민이 지역 커뮤니티를 떠나게 된다. 일본에서는 65세 이상의 노인이 전체 인구의 17%를 넘고, 그 가운데 80%는 건강하기 때문에 간병이 필요 없다. 이렇게 건강하면서 시간이 있는 사람들이 증가하여 본격적인 고령사회에 들어섰다. 한편 24세 이하의 젊은이의 잠재 실업률은 이미 10%를 넘고 있다. 일설에 의하면 '프리터'라 불리는 젊은이가

150만 명이나 된다고 한다. 그렇다면 글로벌 비즈니스에 종사하지 못하는 사람들은 어디에서 먹고 살아야 할까? 일본 사회도 영국병과 같은 '일본병'이 시작되는 것은 아닐까? 선진국은 정점에 달한 후, 쇠퇴의 길을 걷는 것이 정해진 코스라고들 한다. 일본도 그런 것일까?

우리가 1994년부터 커뮤니티 비즈니스라는 단어를 사용하기 시작했을 때, 지역 사회의 재생을 위해서는 커뮤니티에 비즈니스의 관점을 불어넣는 것이 중요하며, 커뮤니티가 살아가기 위한 거점이 될 것이라고 생각했다. 과연 커뮤니티 비즈니스는 정말로 일본의 사회경제구조를 바꾸는 수단이 될 수 있는가? 지역 커뮤니티는 안심하고 생활할 수 있는 '삶의 장'이 될 수 있는가? 그렇다면 앞으로 지역사회에 대한 명제로서 대경쟁과 상호부조가 공존할 수 있는 지역 사회를 만들어가려면 어떻게 해야 하는가? 이러한 문제의식이 우리 안에서 싹터가고 있다. 앞으로는 지역사회를 재생하는 상호부조의 틀과 대경쟁을 촉진하는 틀이 조화롭게 공존하는 사회경제구조가 필요한 것이다(표 3).

극단적으로 말하자면 지금까지의 일본사회는 국가와 대기업이 사회 그 자체였다. 즉 글로벌 비즈니스로서 대기업이 물건을 만들어 수출해서 기업을 살찌우고, 그것이 결국에는 국가를 부유하게 해왔다. 법인자본주의의 경제를 우선시하는 사회였던 것이다. 그러나 앞으로 대기업은 점차 글로벌 규모의 대경쟁 시대로 접어든다. 그리고 경쟁은 승자와 패자를 낳는다. 그 결과 정리해고로 직장에서 쫓겨난 아버지들은 결국 지역사회로 돌아오게 될 것이다. 그런데, 이때 지역사회로 돌아온 아버지들의 삶을 만족시킬 수 있는 상호부조에 기초한 지역사회가 오늘날 일본에서는 거의 사라져버렸다. 제2차 세계대전 후, 일본은 효율성만을 추구하여 경제만을 위해 달려왔기 때문에, 우리의 조상이 만들어낸 생활문화인 품앗이나 계와 같이 인간적인 시스템을 거의 잃어버린 것 같다.

**표 3. 대경쟁과 상호부조가 공존하는 지역사회**
~ (지역주민으로서) 주민의 자율을 위한 새로운 지역경제의 틀 ~

* 자립한 주민이 살아가는 방식에 따라 국제 통화, 자국 통화, 지역 통화를 스스로의 의지로 사용하는 시대

| 국제 통화 | 자국 통화 | 지역 통화 | |
|---|---|---|---|
| US $<br><br>1$<br><br>EU(유로)<br><br><br>기업사회는 대경쟁 시대<br>• 정보의 공개<br>• 기회의 평등<br>• 결과의 차이<br>(승자와 패자가 발생)<br><br>글로벌 비즈니스 | 엔<br><br>120엔 | 〈영국의 사례〉(80년대, 90년대)<br>사회적 기업으로서 커뮤니티 비즈니스, 개발 트러스트 등이 출현(주민 주도의 PFI[3])<br>• 사업의 자립을 목표로, 커뮤니티가 소유하고 통제하는 기업의 출현(자선사업으로 인정을 받은 유한회사가 많다) | 응원하는 사람 · 키워내는 기관 · 틀의 존재<br><br>• 중간지원기관<br>• CDC<br>• 자선사업 조직 |
| | | 〈경제적으로 배제된 사람들에게 LETS〉<br>(Local Exchange Trading System)<br>(지역통화/지역교환 시스템)<br>• 지역에 잠자고 있는 재화, 서비스를 교환하는 시스템<br>• 기간한정, 이자가 없는 지역 자금(지역에 머무는 통화)의 발행<br>• 직업훈련이 됨(일을 얻기 위한 도움닫기)<br>• 생활협동조합적 요소가 강함<br>• '얼굴이 보이는 관계', 상호부조<br>• 가족 · 커뮤니티의 유대가 중요 | • CB<br>• DT<br>• 트러스트<br>• 그라운드 워크<br>• 에코뱅크<br>• NGO<br>• 자원봉사 조직<br><br>etc |
| | | 주민주체로 경제적 약자를 지원하는 조직/일본은 이 부분이 아직 발전 단계이다 | |
| | | 대기업의 미진출 영역<br>커뮤니티 비즈니스적 사업<br>이 영역이 새로운 경제활동의 영역이 된다. | |

글로벌 비즈니스
기존의 경제사회의 영역
ⓒ 호소우치 노부타카

---

[3] PFI(Private Finance Initiative)는 공공 서비스 제공을 위해 공공시설이 필요한 경우 민간자금을 이용하여 민간에 시설정비와 공공 서비스의 제공을 위임하는 방법

## 3. 새로운 사회적 경제조직·사회적 기업(커뮤니티 비즈니스)

나는 IT를 부정하지는 않는다. 오히려 수단으로서 적극적으로 활용해야 한다고 생각한다. 앞으로 대경쟁과 상호부조가 공존하는 지역사회를 만드는데 새로운 기술인 IT를 어떻게 사용하면 좋을까? 예를 들어 인재가 부족하면 인터넷 상을 통해 사람을 모은다. "커뮤니티 비즈니스를 함께 하지 않겠습니까?"라고 올리면, 뜻을 가진 사람들이 지역에서뿐만 아니라 전국, 전세계에서 모여든다. 커뮤니티 비즈니스란 옛날로 돌아가자는 것이 아니다. 현재의 지혜와 기술을 이용하여 새로운 일의 방식, 시민 주체로 자금을 모으는 방법, 일을 공유하는 방법 등을 지역밀착의 '얼굴이 보이는 관계' 속에서 만들어가는 것이 중요하다.

지금까지 일본이 미국에 뒤이어 자유주의 경제권에서 제2위의 지위를 구축할 수 있었던 것은 모든 국민이 구미를 따라잡겠다는 하나의 목표로 뭉쳐서 물건 만들고 그것을 수출해서 국가를 부유하게 했기 때문이다. 그러나 동서 냉전, 베를린 장벽이 붕괴한 이후, 전 지구적인 사회경제구조의 개혁이 진전되어, 일본도 여지없이 그 영향을 받게 되었다.

앞으로는 글로벌 비즈니스를 경영하는 대기업에서 많은 종업원이 커뮤니티 비즈니스로 이동하게 될 것이다. 실업자가 증가하기 때문이다. 미국에서는 1980년대 대기업의 정리해고로 약 1,700만 명이 직장을 잃었다. 미국의 인구가 일본의 2배라는 점을 감안하면, 일본에서는 그 반 정도가 될까? 아니면, 일본에서는 서로 도와 구조조정을 하지 않게 될까? 이는 앞으로의 사회문제이지만, 미국에서는 80년대 중반부터 아버지들이 지역사회로 돌아왔고, 어머니들과 함께 지역에서 작은 사업을 일으켰다. 마이크로 비즈니스라 불리는 커뮤니티 비즈니스가 미국 각지에서 탄생한 것이다.

또한 마이크로 소프트, 인텔, 애플 등을 비롯하여 미국의 정보관련

기업의 사업계획을 떠받치고 있는 것은 시민창업자들로서, 사실은 저변이 넓다. 실리콘벨리라 불리는 샌호세(San Jose)부근에서는 한 여성 창업자가 근처 회계사무소의 소프트웨어를 개발하거나 세계에서 최초로 발매된 마이크로 소프트웨어의 제품 테스트를 맡고 있다. 작은 회사가 대기업의 활동 영역에서 대활약을 하고 있는 것이다. 나는 지역 커뮤니티 안에서 공존공영의 틀이 여성창업가와 대기업 사이에 존재한다는 사실에 놀랐다.

## 4. 커뮤니티 비즈니스와 "LETS"의 자원봉사 관계

구미 사회에서는 이미 대경쟁과 상호부조가 공존하는 지역사회 만들기가 진행되고 있다. 예를 들어 영국에서는 1980, 90년더에 사회적 기업으로서 커뮤니티 비즈니스와 개발 트러스트가 탄생했다. 지자체는 지금까지 제공해왔던 생활 서비스를 주민이 세운 사업체에 위탁하고 있다. 그러한 시민 주도의 PFI를 바탕으로 90년대 대형 프로젝트의 PFI가 도입된 것이다.

최근 일본에서는 '에코머니'(Eco Money)라는 단어가 나오고 있다. 쉽게 말하면 지역통화라고 할 수 있는데, 영국에서는 'LETS'(Local Exchange Trading System)라고 불린다. 경제적으로 배제되었던 사람, 즉 실업자가 재화와 서비스를 지역 안에서 교환하는 방식이다. 자기가 할 수 있는 일과 하고 싶은 일을 10개 정도 등록한다. 그때에 IT를 사용한다. 홈페이지를 통해서 지역 안에서 재화와 서비스를 교환한다. 이것은 과거 전 일본의 '품앗이'(結)와 같다. 지역에서 '얼굴이 보이는 관계'를 토대로 서로 도와서 자금과 서비스를 교환하는 것이다. 또한 'LETS'는 이자가 붙지 않는 지역 독자의 통화이기에 1달러의 가치가 높아지든 낮아지든, 별 영향을 받지 않아, 지역의 자율적인 경제권을 약속할 수 있다. 예를 들어 직장을 잃은

**표 4. 미국의 인터미디어리와 커뮤니티 개발법인**

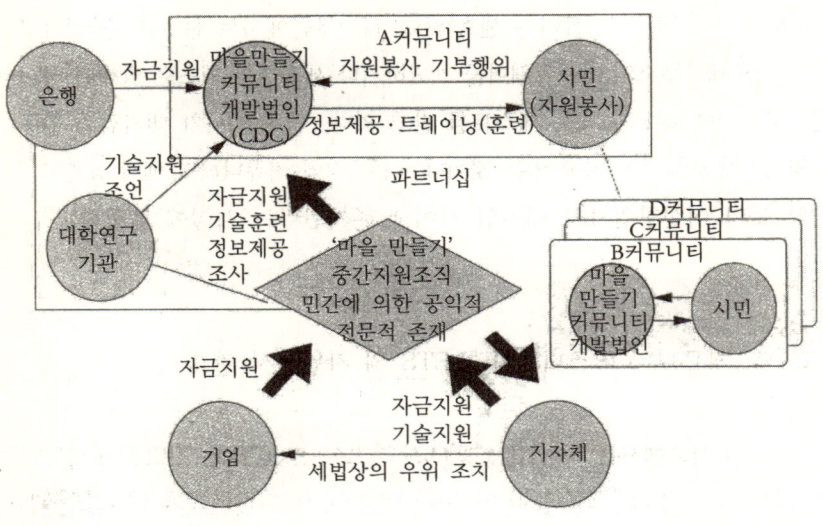

ⓒ 호소우치 노부타카

40대 남성이 중학교 때 기술가정을 잘하고 목공일을 좋았다면 목수 일을 하기 위한 발판으로 LETS를 활용하는 경우도 있다. LETS는 생활협동조합적 요소가 강하고 '얼굴이 보이는 관계', 상호부조의 틀 그 자체이다.

미국에는 '마을 만들기' 등을 응원하는 중간의 지원기관('인터미디어리'[4] 라 불림)이나 CDC라고 하는 커뮤니티 개발법인이 있다(표 4). 이 CDC가 지역의 경제적 약자를 지원하기 위하여 고용개발 트레이닝을 실시하고

---

[4] 인터미디어리(intermediary 중앙지원조직)
영어로 '중간, 중개, 중단'의 의미가 있으며, 자금이나 인재 등을 제공하는 정부나 기업과, 그것으로 커뮤니티를 위하여 활동하는 NPO나 NGO 등을 중개하는 조직.

임대료가 낮은 주택을 공급한다. 영국에서는 정부에서 독립한 제3의 기관인 자선사업 위원회가 인정하는 자선사업 조직이 있다. 영국에서는 NPO라기 보다 자선사업에 등록하여 세금 공제를 받고 있는 시민단체가 많다. 영국에서는 이러한 자선사업 단체가 유한회사 커뮤니티 비즈니스를 가지고 있는 경우가 많다. 지역의 구성원들과 논의할 일은 논의하고, 지역사업은 자선사업 단체가 출자한 유한회사가 맡는 이중구조로 되어있다. 그 외에 트러스트나 그라운드 워크, 그리고 일본에서 말하는 NPO, NGO가 매우 많아, 대경쟁과 상호부조가 적절히 공존하도록 하는 지역사회의 틀이 이미 영국이나 미국에서는 구축되어 있다(표 3 참조).

그에 비해 일본에서는 특정 비영리 활동 촉진법(NPO법)이 실행된 것이 98년의 12월부터이기 때문에 아무래도 이 부분이 취약하다. 앞으로 어떻게 만들어갈 것인가? 자원봉사도 상당히 중요하지만, 자원봉사를 한걸음 진전시켜 자신의 '수입원'으로 만든다. 가족이 있는 사람이라면 나이와 상관없이 '지역 주민들에게 기쁨을 주면서도 자신의 생계를 유지할 수 있는 생업'이 필요하다. 이것이 일본에서 커뮤니티 비즈니스가 탄생한 배경이다.

대경쟁은 전 지구적인 규모로 시작되었다. 일본은 그 대경쟁과 상호부조가 공존하는 지역사회를 만들기 위해 커뮤니티 비즈니스, LETS, NPO 등, 각각의 지역에 맞는 시스템을 만들 필요가 있다. 중앙에서 결정한 것을 47도도부현(都道府県)[5]이 일제히 같이 실시하는 것보다는 자신의 눈에 보이는 범위에서 유휴시설, 자원, 묻혀있는 인재 등을 적극적으로 활용하면 좋지 않을까?

그런 것들을 가장 잘 아는 것은 거기에 살고 있는 지역의 주민이다.

---

[5] [역주] 일본의 지방 행정구역

주민이 일어나지 않으면 누가 일어날 것인가? 물론 자원봉사활동도 중요하다. 그러나 거기서 한걸음 더 나아가 직장을 잃은 사람이 지역 안에서 주거와 통합된 형태의 일을 만들어 간다. 그것은 '얼굴이 보이는 관계'에서 작은 일로부터 시작하면 된다. 드디어 일본도 이렇게 일본병을 극복해가는 시대에 들어섰다고 생각한다.

유럽에서는 80년대부터 새로운 사회적 경제조직, 사회적 기업(커뮤니티 비즈니스 등)이 등장했다. 지금은 세계적으로 기존의 사회경제 구조를 바꾸지 않고서는 살아남을 수 없는 상황이다. 이 새로운 사회적 경제조직은 기존의 전통적인 방식으로 상호부조 조직인 협동조합에도 변화를 요구하고 있다. 유럽에서는 이미 다음 세 가지 분야에서 새로운 사회적 경제조직이 탄생하고 있다. 하나는 사회적 서비스 분야다. 지역이 쇠퇴하면 이전에 있었던 생활관련 서비스가 사라진다. 이 사라져가는 사회적 서비스를 주민 스스로가 일으키려는 움직임에서 사회적 경제조직이 태어난다. 따라서 이것은 커뮤니티의 생산 분야에서 많이 나타나고 있다. 둘째는 중년층이나 젊은층의 실업 분야다. 실업률이 10%가 되면 결국 사회적으로 배제된 사람들이 문제가 된다. 사회문제화 되기 전에 지역 안에서 해결해야 한다. 이러한 사람들의 고용을 위해 지역에 일거리를 만들어야 한다. 일본의 젊은이들의 잠재적인 실업률은 이미 10%를 넘고 있다. 지역에는 이러한 젊은이들을 위한 활동의 장이 필요한 것이다. 마지막으로 장애인의 사회참여 분야다. 일본에서도 최근 장애인의 일을 만들어내는 분야에 NPO법인이 진출하고, 나아가서는 장애인이 일할 곳을 유한회사로 만드는 움직임이 각지에서 일어나고 있다.

일본은 세계적으로 볼 때, 아직 풍요로운 사회다. 우리 커뮤니티 비즈니스 네트워크는 지역의 삶의 질을 높이고 문제를 해결하기 위해 커뮤니티 비즈니스를 활용하자는 시점에서 지금까지 여러 가지를 제안해왔다.

## 5. 커뮤니티 비즈니스로 지역사회 만들기

유럽의 사회적 기업의 특징(표 5)은 우선 오랜 협동조합적인 전통에서 탈피하려 한다는 점이다. 때문에 편익을 조합원에게만 배분하는 기존의 방식에서 벗어나려고 한다. 둘째로 사업을 만들어내는 측면, 즉 비즈니스 수법을 중시한다는 점이다. 커뮤니티에 비즈니스 관점을 도입하여 문제를 해결해가는 것이 중요하다는 것이다. 다양한 이해 당사자의 존재도 중요하다. 노동자나 자원봉사자, 커뮤니티 주민들이나 지자체, 민간기업과 같이 다양한 이해관계자를 만족시키기 위한 복잡하고 다양한 참여형태와 민주적 조직운영을 가능하게 한다. 이런 점들을 모두 생각하여 사회적 기업을 탄생시킨 것이다. 영국의 커뮤니티 비즈니스의 경우, 최고결정 기관은 지역의 커뮤니티 협동조합 이사회이다. 기본적으로는 이사는 자원봉사자가 한다. 그 가운데 협동조합이 출자하는 커뮤니티 비즈니스는 유한회사가 되고 그 유한회사의 매니저인 사장은 공모를 통해서 채용하는 경우가 많다.

영국에는 이러한 비즈니스 수법에 능숙한 인재들의 시장이 형성되어 있고, 미국에서도 NPO의 관리자급을 공모해서 창업이나 비즈니스 관리가 가능한 인재를 배치하고 있다. 3년간 실적이 나오지 않으면 이사회가 관리자를 해고하거나, 이익이 없는 사업은 다른 민간회사에 매각하든가, 경우에 따라서는 아예 없애버리는 등 근본적인 조직재편을 한다. 이렇게 해서 조직의 이념, 목적이 달성되면 해산하기도 한다. 일본에서는 생각할 수 없을 만큼 일반기업처럼 주변 환경에 맞추면서 사업을 해나간다.

일본 NPO의 경우, 이익배분을 하지 않도록 법에 명시되어 있다. 그러나 유럽의 사회적 기업은 반드시 그렇지는 않다. 예를 들면, 병원이나 학교를 만들 때, 몇 년이 흘러서 수익이 생기면 출자해준 사람에게 어느 정도의

**표 5. '사회적 기업'의 특징(종래의 협동조합적 전통에서 탈피)**

1. 고정된 상호부조 목적(편익 배분을 멤버만으로 고정)의 탈피
2. 창업의 측면, 비즈니스 방법 중시
3. 다양한 이해관계자(노동자, 자원봉사자, 이용자, 공적 기관이나 민간기관, 커뮤니티의 사람들 등)를 만족시키기 위한 복잡하고 다양한 참여형태와 민주적 조직운영(결정기관과 기업을 분리)
4. '이익을 배분하지 않음'에 그다지 얽매이지 않는다.

ⓒ 호소우치 노부타카

이익이 돌아가도록 하는 움직임이 있다. 이는 복지국가적인 성격과 신자유주의, 즉 시장만능주위 사이의 '제3의 길'로서 양편의 장점을 살려 이익을 얼마간 분배하는 방법이라 하겠다.

지금의 일본 사회를 보면 일본병은 이미 시작되었다. 그렇다면 우리는 우리의 지역사회를 어떻게 재생시킬 것인가? 일부 사람들은 종래의 우상향 곡선을 그리는 강한 경제, 큰 것을 선호하는 경제에 IT를 더한다면 일본이 세계의 선두에 나설 수 있을 것이라고 생각한다. 하지만 사실은 우리의 삶을 풍요롭게 하고 일을 풍요롭게 하는 것이 결여되어 있지 않은가? 이러한 시기에 인간다운 생활방식을 달성하는 방법의 하나가 이 커뮤니티 비즈니스다. 지역마다 그 지역에 적합한 특성을 살려 커뮤니티 비즈니스를 운영하면 좋지 않을까 생각한다.

상호부조의 사회를 만들려면 커뮤니티 비즈니스와 LETS, 자원봉사활동 등 세 가지를 지역사회 안에서 연관 지어갈 필요가 있다(표 6). 그 주체의 하나는 커뮤니티 비즈니스, 또 하나는 LETS다. 일본에서는 LETS보다 '에코 머니'(Eco Money)라는 단어를 널리 사용하고 있다. 자원봉사활동이다.

**표 6. 커뮤니티 비즈니스와 LETS와 자원봉사의 관계**

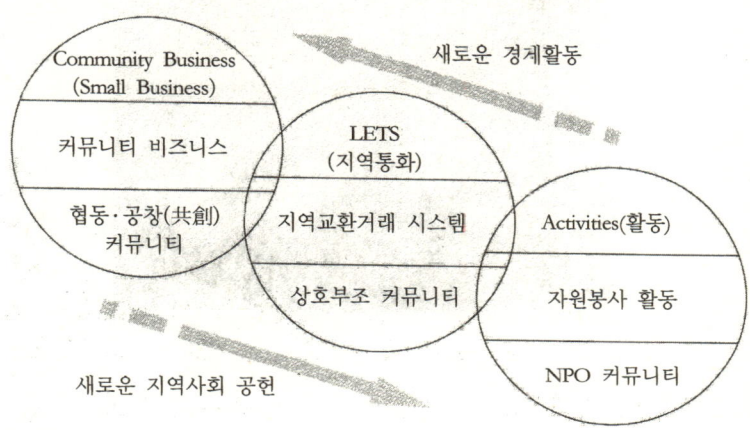

ⓒ 호소우치 노부타카

사실 새로운 경제활동은 자원봉사활동에서부터 시작해도 좋다. 그리고 지역 통화 등을 이용해 상호부조의 커뮤니티에서 자신의 기술을 연마한 뒤 국가 통화인 엔으로 거래하게 되면, 커뮤니티 비즈니스가 탄생한다. 즉 사회적 기업으로서 협동, 공창(共創)의 커뮤니티를 만든다. 이런 새로운 경제활동이 지역에서 대경쟁과 공존할 수 있도록 만들어지게 되면, 지역사회는 활성화된다.

또한 새로운 지역사회 형성에 어떻게 기여할지에 대해 생각해야 한다. 이는 커뮤니티 비즈니스에서 시작되어도 좋고, LETS, NPO와 같은 커뮤니티들과 함께 삼위일체 되어 대기업의 글로벌 비즈니스와 공존하는 방식도 있다. 이들을 자유롭게 선택할 수 있는 사회를 만들어갈 필요가 있다. 바로 이 부분이 지금 쟁점이 되어 있어, 이 시민 섹터를 어떻게 만들어갈 것인가가 지금 지역에서 추구되고 있는 문제다.

아모르토와가 운영하는 "후루사토(고향)"

　최근 중심 시가지 활성화를 위해 커뮤니티 비즈니스를 소프트 부분에서 활용하려는 움직임이 있다. 예를 들어 도쿄 아다치구(足立区)에서는 상점가 진흥조합의 조합원들이 만든 ㈜아모르토와라는 커뮤니티 비즈니스가 사회적 기업으로 탄생했다. 또한 시민에 의한 노인간병 복지 네트워크가 스미다구에서 추진되고 있는데, 그 안에서 지역통화나 지역에서의 서비스 교환이 생겨나고 있다. 이런 시민센터가 네트워크화함으로써 만족스런 상호부조의 지역사회를 만드는데 한발 다가서게 된다.
　커뮤니티 비즈니스를 한마디로 정의하면 다음과 같다. '지역 커뮤니티에서 지금까지 잠자고 있던 노동력, 원재료, 노하우, 기술과 같은 자원을 살려서, 지역주민이 주체가 되어 자발적으로 지역의 문제에 대응하여 비즈니스로 성립시키는, 커뮤니티의 활성화와 활력 만들기를 목적으로 한 사업 활동', 그중에는 그냥 자원봉사활동으로 남아있는 것도 있지만, 시장성이 있어 비즈니스가 되는 것도 있다. 기존의 기업 비즈니스와는 달리, 우리는 커뮤니티 비즈니스의 관점을 가짐으로써 생활에서 풍요로움의 폭과 깊이를 증대시켜 가자고 제안하고 있다(표 7). 그렇기 때문에 세계를 두루 돌아다니

표 7. 커뮤니티 비즈니스의 시점

| | 기존의 비즈니스의 관점 | 커뮤니티 비즈니스의 관점 |
|---|---|---|
| 이해관계 | 단순, 단기간 | 복잡, 장기간 |
| 마케팅 | 큰, 강한 | 작은, 효율성 |
| 사업 컨셉 | 경쟁, 이익지향 | 공생, 주민주도 |
| 성과 | 효율, 생산성 | 의의, 의미 |

ⓒ 호소우치 노부타카

며 글로벌 비즈니스를 했던 사람도 40대 후반이 되면 지역사회에 도움이 될 수 있는 일을 하고 싶다는 선택지를 준비할 필요가 있으리라 생각한다.

일본사회는 IT가 목적이 되어 또다시 경제성장을 최우선으로 생각하기 쉽다. 자칫하면 이러한 관점이 더 강해질 수도 있다. 단기간에 큰 것, 강한 것을 추구하고 경쟁사회 속에서 효율성과 생산성을 높이기 위해 직장과 거주지를 분리하는 '마을 만들기'가 이루어지기도 했다. 물론 한때는 이러한 '마을 만들기'가 상당한 이점을 가지고 있었지만, 지금과 같이 사회상황이 지구규모로 바뀌고 있을 때, 커뮤니티의 관점, 인간다운 관점과 같은 커뮤니티 비즈니스적인 관점이 새롭게 필요하게 되었다. 그것은 작은 마케팅으로서, 공생, 주민 주도적이며 그 성과는 의의나 의미를 추구한다. 커뮤니티 비즈니스는 이러한 가치관을 내포하고 있다.

## 6. 커뮤니티와 비즈니스의 관계

커뮤니티 비즈니스는 지역에서 사용되지 않는 자원이나 지역의 특성을 살리기 때문에, 지역특성에 따라 천차만별이다. 지역이 가지고 있는 '씨앗'을 키워서 주민의 생활방식과 일하는 방식 등 생활 전반에 관해 주체성을

표 8. 인간성의 회복과 자율적인 지역사회 만들기

> 커뮤니티 비즈니스는
>  1) 지역의 특성에 따라 천차만별이며
>  2) 지역이 가지고 있는 '씨앗'을 키워서
>  3) 주민의 생활방식이나 활동방식과 같이 생활 전반에 관련된 주체성을 되찾고
>  4) 인간성 회복에 기여한다.
> 또한
>  1) 쇠퇴한 지역 커뮤니티를 재생시켜서
>  2) 지역 경제와 문화·풍토를 순환시켜
>  3) 지역의 역량의 유지·발전을 가능하게 하여
>  4) 자율적인 지역 사회를 만든다.
>
> ⓒ 호소우치 노부타카

스스로 되찾는다. 다시 말하자면 커뮤니티 비즈니스의 장점의 하나는 인간다운 삶을 되찾아주는 것이다. 이는 인간성 회복에도 기여하게 된다. 커뮤니티 비즈니스는 쇠퇴한 지역 커뮤니티를 재생시키고, 그 지역에 지금까지 있던 문화나 풍토를 순환시켜, 지역의 역량이 유지, 발전될 수 있게 함으로써, 자율적인 지역사회를 만들어가는 하나의 원동력이 될 것이다(표 8).

자율적인 지역사회를 만드는 데는 앞에서 말한 나가노현 노자와 온센무라(野沢温泉村)의 '노자와 구미'처럼 중학교구 정도의 자치조직이 기본 단위가 될 수 있지 않을까? 노자와 온센무라에서는 한 가정의 수입원이 아주 다양하다. 아버지는 임업에 종사하고, 어머니는 민박을 경영하며, 할아버지 할머니는 그 민박을 돕고 있다. 스키와 온천의 마을인 노자와 온센무라의 주민들은 그야말로 직주일체의 커뮤니티 비즈니스를 잘 개발하고 있다. 또한 노자와 온센무라에는 세계적인 마인드를 가진 주민이 많다. 인구

표 9. 커뮤니티와 비즈니스의 관계

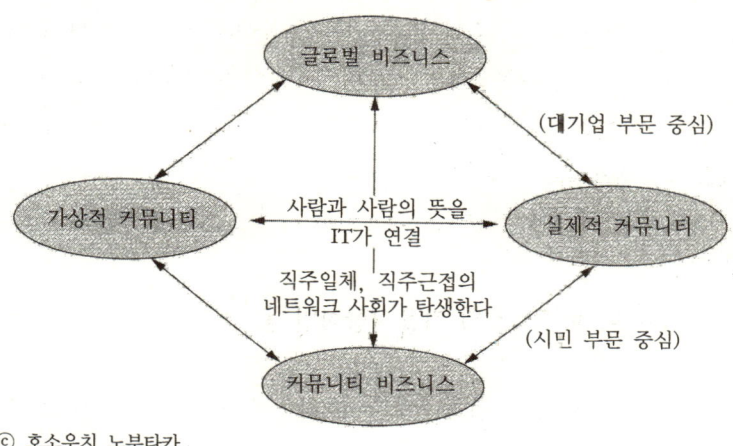

ⓒ 호소우치 노부타카

5,000명의 마을에는 약 300명의 회원을 가진 노자와 스키클럽이 있다. 아직까지 임의단체인 이 단체는 1923년에 설립되어 최근까지 많은 국제대회에 많은 스키선수가 참가하고 있다. 인구규모에 비해 국제 감각이 풍부한 사람들이 많이 사는 마을이다.

  커뮤니티 비즈니스는 과거로의 회귀가 아닌 새로운 관점이다. 그러면 커뮤니티와 비즈니스를 어떻게 연관지을 수 있을까? 지금 가지고 있는 기술을 커뮤니티에서 어떻게 사용할 것인가? 현재의 글로벌 비즈니스와 커뮤니티 비즈니스는 양극화 경향에 있다. 거기에 실제적 커뮤니티와 가상적 커뮤니티가 혼합되는 시대이다. 지역사회에 있어서 이러한 4개의 축과 노자와 온센무라와 같은 지역의 기본 단위를 기반으로 하여 직주일체 또는 직주근접의 커뮤니티를 생각해내는 것이 중요하다(표 9).

  글로벌 비즈니스가 지역사회에도 있다. 대기업도 지역에 도움이 되는 방식으로 참여를 고려하고 대기업과 시민이 함께 공존공영을 도모한다. 그리고 시민섹터가 중심이 되어 상호부조적인 체제를 만든다. 그때 법인격은 NPO법인도 있고, 협동조합도 있으며, 워커즈 콜렉티브(worker's collective)[6]도 있고, 유한회사도 있다. 이때 IT는 사람과 사람의 뜻을 연결하는 네트워크 형성의 유효한 수단이 된다.

## 7. 커뮤니티 비즈니스의 자율지향적인 움직임

제2차 세계대전 후 50년간 우리는 모범적인 삶의 방식, 생활방식은 국가나 기업사회에서만 찾았다. 그 이외의 것은 사회 전체로 볼 때 효율이 낮다고 뒷전으로 밀려났다. 이런 유휴자원들이 지역사회 속에서 활성화되지 못한 채 잠자고 있다. 마을의 작은 일은 위험성이 낮고, 이익도 적어서 돈이 되지 않을지도 모른다. 그러나 커뮤니티 비즈니스(마을의 일)에 의해 잠재력이 있는 사람들이 자율적으로 일할 수 있게 된다(표 10). 즉 지역적인 관점을 도입함으로써, 그동안 지역에서 능력을 발휘하지 못했던 사람들에게 능력을 발휘할 수 있게 해주는 것이다. 개인의 자아성취나 삶의 보람을 충족시키면서, 지역 사람들의 삶에도 의미가 있는 것을 하나씩 사업화하는 것이 결과적으로는 건강한 지역사회를 만들어주는 것이다.

"10시부터 14시까지 어린이들이 학교에 가 있는 동안만 일하고 싶다. 그것도 지역 안에서 걸어서 갈 수 있는 곳, 또는 자전거를 타고 갈 수

---

[6] 소비자 운동이나 시민운동의 참여자, 생협의 조합원 등이 공동출자하여, 스스로도 노동자가 되어 근무하는 자주관리의 사업체. 재활용 숍이나 자연식 레스토랑, 무농약 채소 판매 등 많은 직종이 있다.

표 10. 커뮤니티 비즈니스에 의한 잠재력 있는 사람의 자율적인 일하기

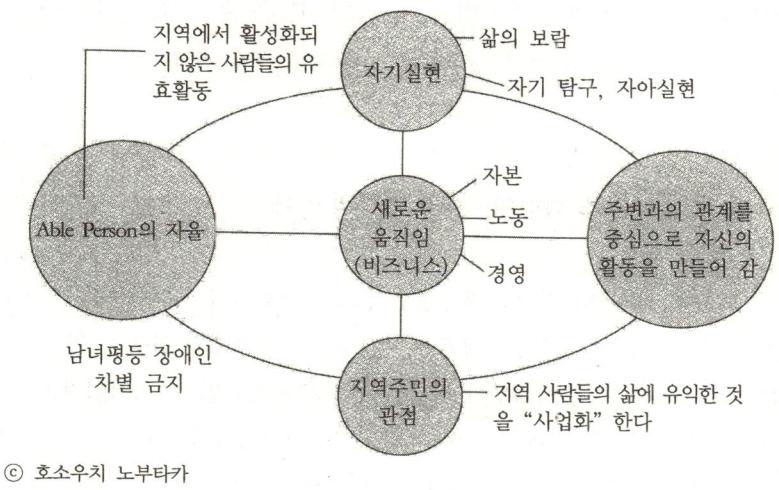

ⓒ 호소우치 노부타카

있는 곳에 직장을 만들어줬으면 좋겠다"고 희망하는 사람이 있다고 하자. 우리는 이러한 희망에 부응하는 새로운 일로써, 앞에서 말한 '어머니들의 소호'라는 일과 지역 내의 직장을 만들었다. 우리의 공동 사무소에서는 지역의 법인회, 제과점이나 주류 전문점, 중소기업, 마을 공장의 홈페이지를 어머니들이 만들고 있다. '어머니들의 소호'는 이렇게 지역에 잠자고 있던 '씨앗'과 홈페이지가 필요하다는 중소기업의 요구를 연결시켜주었다. 게다가 IT를 사용하면, 언제 어디서든 원하는 시간에 일을 할 수 있다. 10시부터 14시까지 짧은 시간의 공동작업으로 훌륭한 홈페이지가 완성되는 것이다.

시대에 맞는 지역 사업을 만드는 것, 그것이 커뮤니티 비즈니스이다. 그것은 직주가 일체화, 근접화된 일의 방식이 기초가 된다. 커뮤니티 비즈니

스는 지역에서 능력을 살리지 못하고 있던 사람들에게 삶의 보람이나 자아실현을 가능하게 하여 지역 주민들에게 기쁨을 줄 수 있는 일을 만들어 낸다. 이러한 활동방식이 앞으로의 시대, 지역에 필요하다.

### 8. 지방분권을 위하여. 지역 역량의 시대

2000년 4월부터 지방분권일괄법과 노인개호(介護)[7]보험법을 비롯한 여러 가지 법률이 개정, 시행되게 되었다. 시민주체의 활동을 목적으로 한 NPO법은 1998년 12월부터 시행되었다. 도시계획법, 중소기업기본법도 개정되어 자기 책임하에서 주민의 활동의 여지가 넓어지고 있다. 이러한 분권을 향한 움직임이 가속화되어, 앞으로 본격적인 지역간 경쟁의 시대에 들어서게 된다(표 11). 지역간 경쟁이 격화되면 지자체 수장의 지역경영 능력이 중요하게 된다. 주민은 수장의 움직임에 눈을 집중하게 될 것이고, 더 이상 이 지역에 살고 싶지 않다고 판단되면 지역을 떠나버린다. '발로 하는 투표'인 셈이다. 그렇게 되면 지자체는 지자체의 서비스 수준이나 코스트 퍼포먼스[8]를 엄격히 따지게 되는 시대가 된다.

최근 자주과세라는 이름으로 은행의 새로운 세금이나 환경세를 도입하려고 하는 지자체가 나타나고 있다. 또한 가나가와현(神奈川県)에서는 홈페이지에서 현(県)민에게 어울리는 새로운 세금이 무엇인가 의견을 모으고 있다. 앞으로는 자주 기채권(起債権)[9]도 행사해서 행정 서비스의 수준을

---

[7] [역주] 간병·수발 등의 뜻, 법의 명칭에서만 그대로 쓰고, 그 외에는 '간병'으로 번역함.
[8] [역주] 지출한 액수 대비 효용
[9] [역주] 국가나 공공단체가 공채를 모집함

표 11. 지방분권을 위하여/지역 역량의 시대

2000년 4월 지방분권 일괄법이 시행

> 지역간의 경쟁격화에 따른 지자체 수장의 지역경영 능력을 판단하는 시대
> - 지자체의 서비스 수준
>   - 서비스의 질과 코스트 퍼포먼스를 판단한다
> - 자주과세권
> - 자주기채권
> - 주민주도의 사업체(커뮤니티 비즈니스)로의 업무위탁(주민주도의 PFI)을 통한 정부 축소
>
> ⓒ 호소우치 노부타카

높이려는 지자체도 나올 것이다. 이전에 영국의 대처 수상은 작은 정부를 주장하면서, 복지국가를 뒷받침하는 정부의 사업을 주민이 세운 사업체에 맡겼다. 주민이 만든 커뮤니티 비즈니스 성격의 사업체에 위탁하여 정부의 역할을 줄였던 것이다. 이러한 영국의 선진사례를 보면, 일본 정부가 가지고 있는 666조 엔의 부채를 해결하는 방법으로 이 커뮤니티 비즈니스가 꽤 효과적일 것이라 생각한다.

## 9. 새로운 지역경영과 커뮤니티 경영 모델

앞에서 소개한 노자와 구미 사례와 관련되는 이야기이지만, 앞으로의 새로운 지역경영, 소프트 측면에서의 '마을 만들기'나 커뮤니티 경제 모델의 방식(표 12)을 생각해보자. 5~10만 명이 사는 지자체의 경우 그 안에서의 중학교 규모의 자치조직이 지역 커뮤니티 경영에 기획부터 직접 참여할

표 12. 새로운 지역경영과 커뮤니티 경제(자율적 경제) 모델

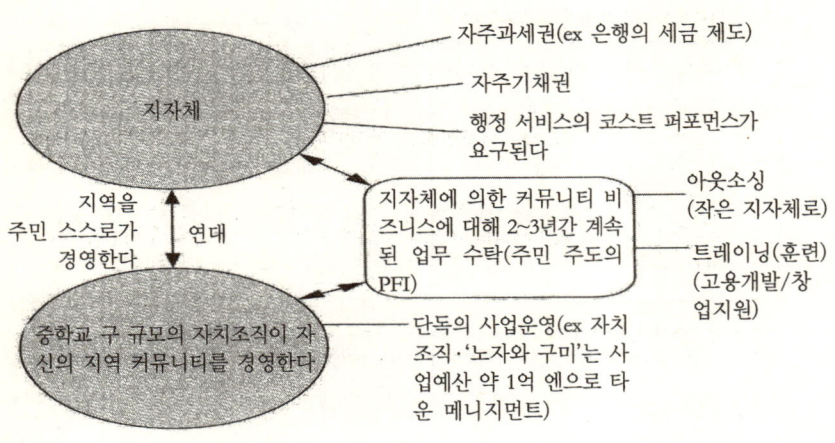

ⓒ 호소우치 노부타카

필요가 있을 것이다. 더욱이 지자체의 재정부족을 해결하기 위해서 비즈니스의 관점에서 참여하는 '마을 만들기'가 필요할 것이다. 우리가 글라스고(Glasgow) 시에서 만난 고번 워크스페이스사의 이사장에 의하면, 20여 년 전 영국이 영국병을 극복하기 위해서 노력할 때에 정부의 시책은 너무나 빈약했다. 그 지역의 실업률은 이미 30%에 달했었고, 정부시책으로는 지역을 재생시킬 수 없었다. 이사장은 1980년부터 마을을 재생시키기 위한 계획을 세워서 주민에 의한 커뮤니티 비즈니스를 시작하였다. 커뮤니티에 비즈니스의 관점을 도입하여 자신의 마을은 자기 스스로가 경영한다는 의욕과 자부심을 갖고 사업을 일으킨 것이다.

내가 알기로는 일본에서 단독의 사업예산을 가지고 주민이 지역을 직접 경영하고 있는 자치조직 '노자와 구미'밖에 없다. 이러한 변화가 가능했

던 것은 그동안 지자체가 지나치게 많이 맡고 있던 사업을 지역의 커뮤니티 비즈니스에 위탁했기 때문이다. 3년 정도 지속적으로 업무를 위탁하면 사업체도 자율적으로 변해간다. 지자체는 업무위탁을 통해 작은 정부가 될 수 있고, 지역에서 고용을 창출할 수 있다. 지역에서 고용이 발생하면 지역 내에서 자금이 돌기 시작할 것이고, 그에 따라 지역의 역량이 회복된다. 그리하여 지역과 그 지역의 주민들이 활기를 되찾고 씩씩해진다. 지역에서 능력을 발휘하지 못했던 사람들이 일을 얻어 활기를 되찾게 되면, 다른 모든 부문도 활기를 띠게 되는 것이다.

## 10. 커뮤니티 비즈니스적 사업의 이미지

정부 서비스 가운데 업무위탁이 가능한 영역은 노인간병, 급식, 경비, 재활용과 같이 다양하다(표 13). 영국의 글라스고(Glasgow)시에서는 시 정부 시설의 경비를 커뮤니티 비즈니스 사업체에 의뢰하기도 한다. 또 그 지역에서는 건물을 1, 2백년을 쓰기 때문에 커뮤니티 비즈니스로 인테리어 회사를 설립하거나, 재활용 서비스도 커뮤니티 비즈니스 사업체가 맡고 있다.

일본에도 영국과 같은 사회적 기업이 있다. 앞에서 소개한 아모르도와 주식회사는 도쿄 아다치구에 있는 도와긴자상점가의 유지가 만든 사회적 기업이다(결과적으로 그렇게 되었다). 구내의 초등·중학교의 급식 서비스를 담당하면서 매년 매상 4억 5,000만 엔을 올리고 있다. 주주배당도 하고 있으며, 경영자에게도 꼬박꼬박 급료를 주고 있다. 조합원에게도 400만 엔에서 500만 엔의 급여를 주고 있다고 한다. 또한 아르바이트를 포함하여, 지역 내에서 120명의 고용을 창출하고 있다. 일본에도 이렇게 성공한 사례가 있다. 우리는 이를 우연으로 받아들일 것이 아니라, 조직화할 필요가 있다.

표 13. 정부 서비스의 업무위탁 가능성

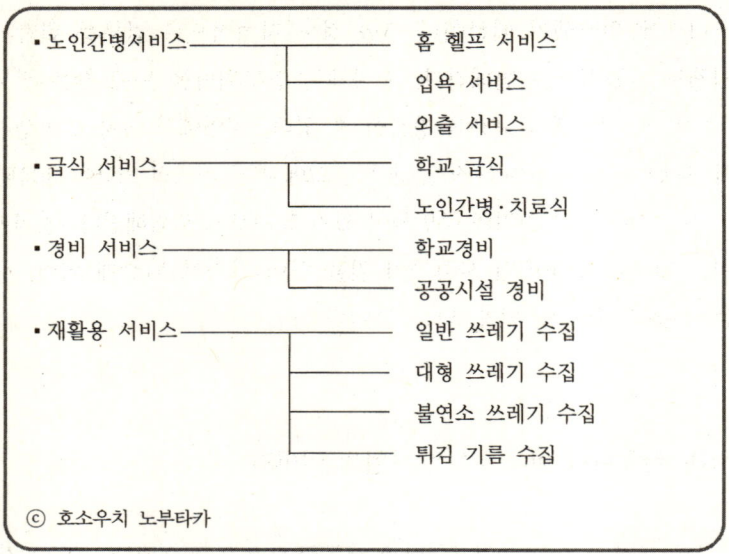

ⓒ 호소우치 노부타카

　지자체가 적극적으로 업무위탁을 실시하는 또 하나의 사례가 오사카 사카이시(堺市)로, 최근 5년간 12억 6,000만 엔의 경비절감을 달성하고 있다. 구체적으로는 시청사 내의 안내, 수도 검침, 방치자전거의 철거, 문화회관의 운영관리, 학교 급식조리의 업무 등을 민간에 맡겨서 5년간 총 12억 엔을 절감했다. 즉 시의 몸집을 줄여 작은 지자체를 만들고자 하는 것이다. 사카이시는 앞으로도 3년 동안 16억 엔의 경비절감을 계획하고 있다.
　유럽에서는 기존의 전통적인 협동조합도 바뀌어야 한다는 생각에서 사회적 기업에 착안했는데, 최근 일본에서도 행정이 변화해야 한다고 정부의 몸집을 줄이는 움직임이 확연히 증가하고 있다. 도쿄 아라카와구(荒川区)의 경우, 홈페이지상에 공공시설 운영에 어느 정도의 세금을 투입하고 있는가를 공시하여, 주민이 구 재정을 감시하도록 하고 있다. 큰 은행이 도산하는 시대를 지나 지자체도 도산하는 시대가 된 지금, 일본도 차차 일본병이 심각해지고 있는 것이다.

## 11. 새로운 지역경제를 창출하는 주민 주도의 PFI

나는 또 다른 책『커뮤니티 비즈니스』(쥬오(中央)대학 출판부)에서 커뮤니티 비즈니스를 10개 분야로 나누고 있다. 커뮤니티 비즈니스를 '생활 비즈니스'라고 해도 너무 넓다. 그래서 일본의 커뮤니티 비즈니스 사례로서, 주로 스미다구를 중심으로 작은 사업체를 10개 분야로 나누어 설명하고 있다(표 14). 유한회사도 있고, 임의단체도 있으며, NPO법인도 있다. 이 10개의 분야는 우리의 생활에 관련된 복지, 환경, 정보 네트워크, 관광·교류, 식품가공, 마을 만들기, 상점가의 활성화, 전통공예, 지역금융, 안전 등이다. 최근 다양한 사회문제가 있지만, 개인의 안전—지역사회의 안전도 포함하여—을 정부에게 전부 맡기는 것도 재정 문제 때문에 어려워지고 있다. 이제는 이런 일들을 주민 주도의 PFI로서 커뮤니티 비즈니스가 새롭게 만들어가는 시대인 것이다.

또한 커뮤니티 비즈니스는 지역에 묻혀있는 인적자원을 활용하는 지역 만들기로, 주부나 정리해고 당한 사람, 지역으로 돌아온 아버지들, 대학은 졸업했지만 좋은 직장을 찾지 못한 젊은이들, 장애를 가지고 있는 사람들에게 새로운 활동의 장소가 된다. 커뮤니티 비즈니스를 통하여 새로운 인간관계가 형성되고 협동·공창(共創)에 의해 커뮤니티를 재생할 수 있다.

대량생산, 대량소비, 경제성장을 중시하는 기존의 사회경제 구조에서 재사용과 재활용을 중시하고, 지역 커뮤니티를 기반으로 하는 현실적인

표 14. 일본의 커뮤니티 비즈니스 사례

새로운 지역경제를 창출하는 주민 주도의 PFI들

```
1. 복지                설탕공방
2. 환경                빗물 재활용 연구소    유즈
3. 정보 네트워크        스미다 리버사이드 네트
4. 관광·교류           아·라·소 시주    구로카베
5. 식품가공            쇼가와 마을    스피카
6. '마을 만들기'        CS 고베(神戶)    노자와 구미
7. 상점가의 활성화      타치바나 긴자 상점가    아모르도와
8. 전통공예            마쓰모토(松本) 조각점
9. 지역금융            여성시민 은행
10. 안전               안전부문

1. ~ 10.의 테마가 커뮤니티 비즈니스적 사업이 된다.

ⓒ 호소우치 노부타카
```

사회경제구조로 크게 변화되리라고 기대된다.

## 12. 커뮤니티 비즈니스 성공으로의 길

커뮤니티 비즈니스 창업이 성공할 수 있는 방법을 생각해보자(표 15). 우선 커뮤니티 비즈니스를 10개의 분야로 나누어 지역에서 본인에게 가장 잘 맞는 것을 사업화하는 것이 위험을 줄이는 하나의 방법이다.

다음은 협동사업이다. 벤처 비즈니스는 혼자서 창업하는 경우가 많다.

표 15. 커뮤니티 비즈니스가 성공하는 길

- 생활영역의 창업화(10개 분야/생활의 질 향상)부터 시작하도록
- 혼자 하는 창업에서 협동하는 창업으로(리스크 분산) (지혜를 합친다)
- 사업의 주축을 몇 개 만들어, 전체적인 수지 밸런스 추구(전략적 경영으로)
- 지자체는 커뮤니티 비즈니스로 업무위탁을(작은 지방정부로)
- 대기업은 커뮤니티 비즈니스에 업무위탁을(비용효율 향상으로)

ⓒ 호소우치 노부타카

하지만 사회적 기업으로서의 커뮤니티 비즈니스는 아모르토와, 쇼가와 마을, 구로카베와 같이 지역의 공동체에서 협동하여 창업하고 있다. 그들과 같이 지역 공동체가 커뮤니티 비즈니스를 시작하여 위험 분산을 도모하는 것도 성공의 지름길이다. 물론 혼자서 창업하는 것도 가능하다.

또한 지역사회 안에서 사업의 기둥을 몇 개 만들어 전체적인 수지 균형을 맞추도록 한다. 영국의 커뮤니티 비즈니스는 인테리어 회사, 청소 회사, 경비 회사가 함께 합쳐서 채산하고 있다. 예를 들어. 일본에서 배식 서비스만 하는 단독사업이라면 아무래도 적자가 되기 쉽다. 이럴 때, 지역에 도움이 되는 생활 비즈니스 사업 서너 개를 통합하여 채산을 맞추는 것이 성공할 가능성이 크다.

앞으로 지자체가 축소될 수밖에 없는 상황에서 각 지자체는 커뮤니티 비즈니스 주민 주체의 사업체에 업무를 위탁하는 것이 좋겠다. 그것도 3년 정도 계속적으로 위탁하도록 한다. 또한 대기업도 업무위탁을 하는 것이 필요하다. 아모르도와에 청소사업을 맡기고 있는 아토요카토와 같이, 앞으로는 지역을 풍요롭게 하고 지역의 역량을 높여 가는데 정부와 주민,

대기업 그리고 커뮤니티 비즈니스가 한 몸이 되어 공존공영의 네트워크를 만들어가야 할 것이다. 지역을 재생하기 위해서 지역에서 뜻을 같이하는 주체들이 합동 벤처를 만들어 상호 보완해가며 공동으로 지역의 역량을 높여간다는 관점이 중요하게 될 것이다.

지금까지의 내용을 한번 정리해보자. 커뮤니티 비즈니스는 우선 지역을 하나의 생활권으로 보고 직주일체의 활동방식과 생활방식을 만든다. 다음에 지역이 필요로 하는 사업을 지역밀착형으로 만든다. 앞으로 고령사회가 되면 노령자 가운데 20% 정도가 노인 간병을 필요로 하게 된다. 이때 고령자 문제와 같이 지역이 필요로 하는 사업을 지역밀착형으로 계속 만들어간다. 그리고 지역의 문제를 주민 주체의 작은 비즈니스로 해결한다. 생활지원 서비스를 비즈니스를 통해 제공하는 것이 중요하게 된다. 즉 거기서 일하는 사람도 '직장'에서 근무하는 것이기 때문에 200~300엔[10]의 시급으로는 생활할 수 없다. 700~800엔[11] 정도의 시급을 주려면 어떻게 해야 할까? 이러한 관점에서 사업을 만들어갈 필요가 있다.

또한 지역에 맞는 일을 직주일체로 만들어 제공할 필요가 있다. 그를 위해서는 지역에서 사용되지 못하고 잠자고 있는 자원을 적극적으로 활용해야 한다. '구로카베'도 그렇고 '쇼가와 마을'도 그랬다. 이렇게 사용하지 않는 자원을 적극적으로 활용하는 지역 만들기도 효과적인 방법의 하나일 것이다. 또한 커뮤니티 비즈니스는 지역의 새로운 사회관계 만들기, 협력의 장 만들기를 담당한다. 커뮤니티 비즈니스에 뜻이 있는 사람들이 모였을 때, 그 가운데서 새로운 사회관계가 만들어지고, '얼굴'을 아는 관계 가운데서 새로운 움직임이 생긴다. 이 움직임이 지역을 풍요롭게 하고 건강하게

---

[10] [역주] 약 1,700~2,600원
[11] [역주] 5,900~6,800원

한다. 이러한 생활방식의 창조가 결과적으로 자아실현으로 연결되고 지역의 부흥으로 이어지는 것이다.

마지막으로 일본조직은 사람 중심인 경우가 많아, 리더가 사라지면 조직마저 사라지는 경향이 있다. 내가 본 미국이나 영국과 같은 앵글로색슨 사회는 사람은 바뀌더라도 조직은 그대로 남는다. 그들의 조직에는 역할분담이 있어, 목적과 수단에 따른 적절한 계획이 있다. 거기에 비즈니스 관점을 도입하여 속도와 신뢰감을 불어 넣고 긴장감을 준다. 비즈니스의 관점이 유효하게 작용하고 있는 것이다. 일본의 커뮤니티 비즈니스인 '구로카베'나 '쇼가와 마을'의 성공사례를 단순한 우연이라 결정지어서는 안 될 것이다.

제2장

커뮤니티를 둘러싼 현재의 상황

## 1. 팽창하는 커뮤니티—커뮤니티 개념의 변화

최근 인터넷이 보급되면서 '커뮤니티'라는 단어를 인터넷에서 자주 발견하게 되었다. '커뮤니티'라는 단어를 검색하면, ○○커뮤니티 또는 커뮤니티 사이트, 네트워크 커뮤니티라는 방대한 수의 인기 사이트가 나온다. 이렇게 커뮤니티라는 단어는 이제 인터넷상의 일상용어로 사용되고 있다. 그러나 '고지엔'[1](広辞苑)(제5판, 이와나미 쇼텐 岩波書店)에서 '커뮤니티'를 찾아보면, '일정 지역에 거주하면서 공동체 의식을 가진 사람들의 집단, 지역사회, 공동체'라고 정의되어 있다. 그렇다면 우리는 '커뮤니티'라는 단어 자체가 가지고 있는 의미를 변질시켜버린 것인가? 나는 그렇게 생각하지는 않는다.

오늘날 인터넷상에서 사용되고 있는 '커뮤니티'라는 단어는 '같은 흥미나 관심을 가지고 있는 사람들이 인터넷상에 모여서 형성된 하나의 사회'라는 의미로 사용되고 있다. 다시 말하면 지금까지의 지연·학연 대신에 인터넷이라는 공통의 정보 정거장에서 같은 관심과 흥미를 가지고 모인 사람들이 형성한 하나의 사회를 가리키며, 이는 공동체 의식을 지닌다는

---

[1] [역주] 일본의 대표적인 사전 이름

점에서 지금까지의 커뮤니티 개념에서 조금도 어긋나지 않는다.

그러면 커뮤니티의 정의에 항상 '일정 지역'이라는 제한이 있는 이유는 무엇일까? 그것은 커뮤니티를 형성하기 이전에 공동 귀속감을 갖기 위한 커뮤니케이션 수단에 다양한 장벽이 존재하고 있기 때문이라고 생각한다. 오늘날의 커뮤니티의 사전적인 정의는 이동하는 것조차 곤란했던 수 십년 전의 정의와 같다. 즉 이동수단이 부족하여 평생 만날 수 있는 사람이 한정되어있을 때의 정의라고 할 수 있다. 사람과 만난다는 것이 불가능하다면 당연히 커뮤니케이션을 실행하는 것이 불가능하고, 그러한 가운데 만들어진 사회는 자연히 매우 강한 지역성을 띨 수밖에 없다.

그러나 자동차와 매스컴의 발달로 우리가 만날 수 있는 사람과 정보의 범위는 비약적으로 증가했다. 그러나 커뮤니케이션의 수단이 발달하지 못해서 커뮤니케이션은 이전과 같이 직접적, 대면적인 방식으로 이루어졌으며, 따라서 공동체 의식을 갖고 커뮤니티를 만든다는 것이 어려웠다. 그러나 인터넷의 보급은 지금까지의 커뮤니케이션 방법을 크게 변화시켰다. 시간·장소를 불문하고 정보의 발신·수신이 가능하며, 구속 없이 자유롭게 누구라도 또한 누구와도 커뮤니케이션을 할 수 있게 된 것이다. 이를 통해 다양한 사람과의 만남·의견교환이 가능해졌고, 공동체 의식을 형성하는 기회도 비약적으로 증가했다. 그 결과 오늘과 같이 사이버 공간에서 다양한 커뮤니티가 형성되고 있는 것이다.

특히 인터넷 사회에서는 지금까지 커뮤니티를 형성하기 어려웠던 극히 좁은 범위의 특정분야에서도 커뮤니티 형성이 가능해졌다. 인터넷의 발달이 커뮤니티의 형성을 용이하게 할 뿐만 아니라, 그 폭도 크게 넓힌 것이다.

다시 말하자면, 커뮤니티는 커뮤니케이션의 발달과 함께 확대되어왔고 이제는 세계가 시공을 초월하여 하나의 커뮤니티를 형성할 수도 있게 되었다.

## 2. 공동화하는 '지역' 커뮤니티
― 라이프스타일의 변화로 인한 전통적인 관계의 붕괴

앞에서 살펴본 바와 같이 커뮤니티는 시대와 함께 변해왔고 새롭게 확대되고 있다. 그러면 기존의 커뮤니티(이하 '지역 커뮤니티'라고 함)는 어떻게 변화되었는가? 우선 도시의 지역 커뮤니티를 생각해보자.

도시의 경우, 버블기의 지가 상승으로 인해 지역 커뮤니티는 파괴되었다. 지금까지 도시 중심부에서 가족 대대로 이어온 직주일체의 사업이 지가 상승 때문에 문을 닫게 되었고, 제2차 세계대전 이전부터 오랫동안 이어져 온 지역 커뮤니티가 '도시 재개발'이라는 미명하에 파괴되었다. 또한 과도한 1극 집중 현상도 지역 커뮤니티를 붕괴시켰다. 1극 집중은 직장과 주거의 분리를 야기했고, 도심까지 출퇴근하는데 시간이 오래 걸리는 곳에 대규모의 뉴타운이 여기저기 들어섰다. 이렇게 만들어진 뉴타운은 어디까지나 인공적으로 만들어낸 장소이기 때문에 주민들 사이에 '고향'이라는 이미지는 거의 없다. 따라서 그 지역에 대한 귀속의식 또한 자리잡기 어렵다. 뉴타운은 다양한 장소에서 온 사람들로 구성되어 그 관심과 흥미도 제각각이다. 그렇기 때문에 가치관의 합치도 힘들고 같은 기준에서 사물을 생각하는 것도 상당히 어렵다. 이처럼 도시부에서는 오래된 지역 커뮤니티가 소멸되고, 새로운 지역 커뮤니티는 아직 형성되지 않아, 커뮤니티의 수가 격감했다고 할 수 있다.

한편 지방에서는 많은 젊은이가 대도시로 유출되고 있기 때문에 고령자만 남게 되어 지역 커뮤니티의 공동화가 진행되고 있다. 본래 지역 커뮤니티는 다양한 세대간의 교류를 통해 유형무형의 것을 생산해냈다. 그러나 인구 감소와 고령화에 따라 지역 커뮤니티가 본래의 기능을 달성하지 못하여 여러 가지 문제가 발생하고 있는 것이다.

표 1. 붕괴하는 지역 커뮤니티

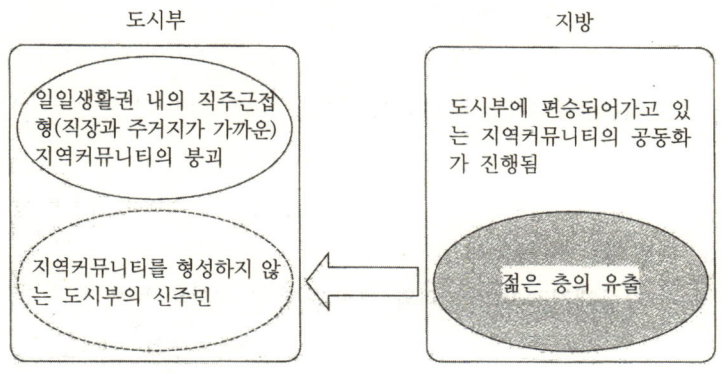

　　이렇게 도시와 지방을 불문하고 지역 커뮤니티는 붕괴의 위험에 처해있다. 왜 이렇게 된 것인가? 인구 동태의 변화만으로 그것을 설명하는 것은 불가능하다. 나는 구성원들의 라이프스타일의 다양화가 지역 커뮤니티의 붕괴를 만들어낸 또 하나의 주된 원인이라고 생각한다. 가계의 기둥인 세대주는 긴 통근시간 때문에 자연스럽게 자택에 머무는 시간이 짧아지고, 따라서 이웃과 교제할 수 있는 시간적 여유가 없다. 또한 아이들은 휴대전화와 컴퓨터의 보급으로 장거리 커뮤니케이션 수단이 확보된 결과, 자기 방에서 좁은 범위의 교우관계를 통해서만 세상을 보게 되고, 이웃에 사는 다른 세대의 주민은 물론 같은 세대와도 커뮤니케이션을 할 기회가 거의 없다고 해도 과언이 아니다. 이렇게 세대간의 행동유형이 크게 다를 뿐만 아니라 가치관이 다양해짐에 따라 동일 세대에도 다양한 행동유형을 보이기 때문에 개개인의 라이프스타일은 십인십색이라고 할 수 있다. 더욱이 핵가족화로 인하여 한 가정 내에서의 세대간의 교류도 전무하며, 가족이라 해도 한 지붕 아래에서 제각각 생활하고 있는 상황이라고 할 수 있다.

즉 라이프스타일의 변화가 지역 커뮤니티는 물론 가정의 존립기반도 위협하고 있다고 할 수 있지 않을까?

이와 같이 도시·지방에 관계없이 오늘날 사이버 공간의 커뮤니티가 융성하고 있는데 반해지역 커뮤니티는 그 존립조차 위협 받고 있는 상태다.

## 3. 다발하는 지역문제
―자동해결장치의 붕괴와 새로운 해결 계획의 필요성

앞에서는 주로 도심부의 지역 커뮤니티 붕괴위기의 원인에 대해 이야기했다. 지역 커뮤니티의 붕괴로 인해 오늘날에는 이웃집에서 무슨 일이 일어나고 있는지 모를 정도로 인간관계가 희박해졌으며, 그에 따라 흉악범죄도 급증하고 있다. 또한 지역 커뮤니티의 붕괴와 더불어, 아이러니컬하게도 최근 수년간 지역 커뮤니티에 의해 해결해야 하는 문제가 크게 대두되고 있다. 역 앞에 대량으로 방치되고 있는 자전거 문제나 분리되지 않은 쓰레기, 대형사고의 가능성이 큰 폭 좁은 도로의 문제 등과 같이, 조금만 생각해봐도 많은 문제를 떠올릴 수 있다.

지금까지는 지역 커뮤니티 내부에 이러한 문제에 대한 다양한 해결방법이 있었다. 그 대표적인 예로 죠나이카이(町内会)[2]를 들 수 있다. '지연'으로 결성된 이 모임은 자신이 거주하는 마을의 문제에 적극적으로 관여하여,

---

[2] 죠나이카이(町内会)란 본래 청일전쟁 때부터 시작되어 1940년에 도시에는 죠나이카이, 지방에는 부라쿠카이(部落会)가 국가에 의해 정비된 것이 기원이다. 현재 국가제도로서는 폐지되었지만 지역주민의 커뮤니티 조직(지연(地縁)단체)으로서 죠나이카이라는 명칭이 사용되고 있다.

정부와 직접 대화하는 등 다양한 방식으로 문제해결을 위한 행동을 취해왔다. 지금까지의 지역 커뮤니티에서는 간사를 맡은 사람들을 중심으로 많은 지역주민이 함께 지역문제를 해결하는 자동문제해결장치가 존재했던 것이다.

그러나 오늘의 죠나이카이는 어떠한가? 아파트와 같은 집합주택이 증가함에 따라 죠나이카이 회원은 감소했고, 간사는 순번제가 되어 의욕을 가지고 지원하는 사람도 없고, 무사안일주의가 만연해 있다. 죠나이카이는 이미 문제해결을 위한 조직이라기보다는 그저 목숨을 부지하고 있을 뿐이다. 그렇기 때문에 지금까지 존재하던 지역 커뮤니티의 문제해결장치도 이미 붕괴해버렸다고 할 수 밖에 없다.

이렇게 문제해결 장치가 없어진 오늘날, 지역 커뮤니티 문제를 해결하기 위해서, 무언가 틀을 만들 필요가 있다. 어떤 조직이 좋을까? 우선 생각할 수 있는 것은 자원봉사자에 의한 조직이다. 지역 커뮤니티의 붕괴를 염려하고 있는 사람들이 적지 않기 때문에 그러한 사람들의 생각을 모아서 조직화하는 것도 새로운 문제해결장치의 하나로 생각할 수 있다. 그러나 설령 그런 사람들이 모인다 해도 자원봉사자 조직으로는 운영 면에서 상당한 어려움이 예상된다. 자원봉사자라는 풍토가 좀처럼 정착되지 않은 일본에서 이러한 조직으로 문제를 해결하려고 한다면, 모두가 평등하다는 의식 때문인지 좀처럼 리더십을 발휘하는 사람이 나타나지 않는다. 따라서 일을 진행시키려면 항상 참여자 전원의 의견을 모아야 하기 때문에 신속히 일을 추진할 수 없다. 더욱이 자원봉사는 어디까지나 '무료 봉사'이기 때문에 참가여부는 구성원의 주체적인 의사에 맡겨지게 된다. 따라서 중간에 그만두려고 할 경우, 이를 조정하는데 드는 비용은 주재하는 측이 부담할 수밖에 없어서, 주재자 측에 상당한 부담이 집중된다는 문제점도 있다. 그밖에도 문제해결을 위한 모든 방법이 일장일단이 있어, 기존의 지역 커뮤니티 내부의 문제 자동해결장치에 필적하는 시스템을 구축하기는 어렵다. 즉 지역 커뮤니티의 붕괴는 지역 커뮤니티의 문제해결에 상당히 큰 손실을 가져올 뿐만 아니라, 새로운 시스템의 재생산조차 어렵게 만들었다.

따라서 지역 커뮤니티의 문제를 해결하기 위한 틀을 조속히 만들어내야 한다.


### 4. 다양해지는 이해관계와 조정의 어려움
　—지금 지역 커뮤니티에 필요한 것

앞 절에서 지역 문제해결을 위한 틀을 만드는 것이 급선무라고 했는데, 왜 그러한 틀을 손쉽게 구축할 수 없는 것인가? 나는 그 가장 큰 이유가 해결주체자의 결여라고 생각한다. 지역 커뮤니티에 존재하고 있는 문제에 대해 누가 그 해결주체가 되어야 하는가? 그 이해관계자로 가장 먼저 생각나는 것이 자치체, 생산자, 소비자라는 3개의 주체다. 그런데 왜 이들은 지역 커뮤니티의 문제해결의 담당자가 되지 않고 있는 걸까?

우선 지역주민에게 서비스를 제공하는 것을 사명으로 하는 시정촌(市町村) 등의 지자체부터 살펴보자. 지자체는 지금까지 시설이나 도로의 건설과 같은 하드 면에서는 물론이고, 상하수도, 쓰레기 수집, 상담창구의 개설과 같은 소프트 면에서도 다양한 서비스를 주민에게 제공했다. 물론 지역커뮤니티의 문제도 그 연장선상에서 생각하면 지자체를 해결주체로 기대할 수 있다. 그러나 지금까지의 서비스에 더하여 새로운 문제에 대한 서비스도 제공하기 위해서는 그 나름의 조직, 인원, 자금이 필요하다. 이러한 서비스를 제공하기 위한 경영자원이 지자체에 존재하는가?

지자체는 주민의 세금을 서비스 제공을 위한 원천으로 사용한다. 이

원천인 세수가 최근 수년 동안 불황 때문에 급격히 감소했다. 한편 세수와는 반대로 세출은 경기에 관계없이 지출해야 하며, 오히려 불황으로 인해 지출이 증가하여, 지자체의 재정은 어려운 상태가 지속되고 있다. 최근 기업회계의 수법을 도입하여 재정의 효율화를 꾀하고 있는 지자체도 있지만, 이는 앞으로의 세출삭감에 효과가 있을 뿐, 지금까지 건설된 시설의 유지비는 삭감할 수 없다. 게다가 지방채의 상환 등의 문제도 생각한다면, 앞으로 지자체 재정은 경직화를 피할 수 없을 것이다. 이러한 문제를 해결하기 위해 예산을 새로 염출하려면 다른 예산을 삭감해야 하는 제로섬 게임(zero-sum game) 상태에 있기 때문에, 어지간히 긴급한 사안이 아니라면 그것도 어렵다.

지역 커뮤니티의 문제는 오랜 시간에 걸쳐 형성되는 것이 많고, 그 문제의 근원은 상당히 뿌리 깊은 것이다. 때문에 문제가 임계점에 달했을 때 한꺼번에 대량의 자금을 투입해서 문제를 해결한다는 것은 어렵지 않을까? 이러한 문제는 차분하게 대처할 필요가 있다. 이와 같은 점들 때문에, 지자체가 나서서 지역 커뮤니티 문제 해결의 주체자로서 활동한다는 것은 현재로서는 상당히 어려운 일이라 할 수 있지 않을까?

그렇다면 생산자인 기업은 어떠한가? 기업들은 글로벌 경쟁의 소용돌이 안에서 살아남기 위해 세계적인 규모의 경쟁을 전개하고 있다. 그 키워드는 '선택과 집중'으로서, 자신의 강점을 특화 시키고 가능한 경영자원을 모두 투입하여 규모의 이점을 살리는 것이 경영의 주류가 되어가고 있다. 대부분의 일본기업은 버블시대의 영향에서 아직 완전히 벗어나지 못한 상태로, '3대 과잉'이라 불리고 있는 과잉설비, 과잉인원, 과잉채무의 삭감에 모든 기업이 전력을 다하고 있다. 특히 최근 고용통계의 수치에서 볼 수 있듯이 기업에서 퇴출당하는 사람들이 중장년층을 중심으로 상당히 증가하고 있다. 이러한 과정을 통해, 기업은 규모를 줄이면서 기동성을 살리는 경영체로

표 2. 누가 지역 커뮤니티의 문제해결의 주체가 되는가?

| 지자체 | 불황에 의한 재정의 어려움<br>지금까지의 해결 방법과 상이 | × |
|---|---|---|
| 기업 | 기업을 둘러싼 경영환경의 변화<br>효율 최우선의 경영으로 바뀜 | × |
| 지역주민 | 해결 조직의 결여<br>문제의식의 구현화의 장 결여 | △ |

틀만 만들어지면 지역주민이 문제해결의 주체가 될 수 있다.
ⓒ 기무라 마사키

급격히 변화하고 있다. 그 결과 기업은 지금까지 기업행동을 구속해왔던 많은 관행에서 해방되고 있다.

    이와 같은 변화가 지속된다면 기업은 더욱 수익성을 중시하게 되어 이익률이 낮은 것부터 주저 없이 퇴출시키게 된다. 그러면 지금까지 실시되던 서비스가 중단되거나 그 공급이 급격하게 줄어서 수익자의 효용이 저하될 것이다. 특히 그런 서비스는 주로 사회적 약자로 불리는 사람을 대상으로 하는 경우가 많아, 비교적 생활기반이 약한 사람들의 생활이 위협받을 우려가 있다. 이러한 예를 통하여 알 수 있듯이, 현재의 대기업 중심 기업사회는 경영환경의 변화에 따라 노동력을 지역 커뮤니티로 방출하거나 거점철퇴 등으로 기업 조카마치에서 나가버리는 등, 지역 커뮤니티의 문제해결 주체가 되기는커녕 지역 커뮤니티에서 갖가지 문제를 일으키고 있다고도 할 수 있지 않은가? 그러므로 기업도 지역 커뮤니티의 문제해결 주체가 될 수 없을 것이다.

    위와 같은 이유로 지자체와 기업 모두 지역 커뮤니티의 문제해결 주체가 되기 힘들다는 것을 알았다. 그러면 소비자인 생활자[3]가 이 문제의 주역이 될 수 있을까?

생활자는 지역 커뮤니티에 살고 있기 때문에 왜 그런 문제가 일어났는지도 소상히 보고 있다. 또한 지역 커뮤니티의 문제를 '문제'로 인식하고 있기 때문에 '해결해야 한다'는 의지도 가지고 있을 것이다. 또한 문제가 생활과 직접적으로 관련된 이상, 해결의 노하우도 지역주민이 더 쉽게 찾아낼 수 있다. 때문에 지역 커뮤니티에 살고 있는 생활자가 지역 커뮤니티 문제 해결의 주역으로서 가장 적합하다. 그러나 앞에서 보았듯이, 생활자도 문제를 해결하는데 다양한 어려움을 안고 있다. 자원봉사 조직의 문제를 일례로 들 수 있다. 또한 의욕이 있다고 해도 해결에 필요한 능력과 자원이 없으면 문제는 해결되지 않는다. 생활자들이 과연 이러한 어려움을 극복하고 문제를 해결할 수 있을까?

나는 이 절의 첫머리에서 해결주체자의 결여가 지역 커뮤니티의 문제해결을 어렵게 하고 있다고 했다. 이는 생활자가 아무리 문제의식을 가지고 있어도 어떠한 틀이 만들어지지 않았기 때문에 참여하지 못하고, 그저 바라보고만 있을 수밖에 없다는 의미였다.

지금까지 죠나이카이와 같은 조직에서는 주로 은퇴한 사람들이 간사를 맡았다. 그러나 오늘날 생활에서 다양한 문제점을 느끼는 사람은 한창 일할 나이의 샐러리맨이나 육아로 바쁜 주부들이다. 이들이 전적으로 지역 커뮤니티의 문제해결에 참여하기란 매우 어려운 일이 아닐 수 없다. 이 간격을 메울 수 있는 조직을 만든다면, 생활자가 주체적으로 문제해결에 나설 수 있어, 참여자의 부재 문제가 해결될 수 있지 않을까?

---

[3] [역주] 생활의 주체라는 뜻에서 사용하는 말로서, 우리말에서는 사용하지 않는 단어이지만 어감을 살리기 위해 그대로 쓴다.

## 5. 살기 좋은 마을을 위하여
### —지역 커뮤니티의 재생을 위하여

그렇다면 그 조직이란 어떤 것인가? 우선 자원봉사 조직이 가진 애매함을 없애고 문제해결을 위한 지역주민 주체의 실행 위원회 형태로 만들 것을 제안하고 싶다. 법인격은 어떤 것이든, 그 실행위원회를 일반 기업과 같은 형태로 조직하여 운영하는 것이다. 지금까지 많은 사람이 그러한 기업조직 안에서 일한 경험(아르바이트 포함)을 가지고 있으며, 이러한 조직형태라면 많은 사람이 쉽게 참여할 수 있다.

조직을 만들기 위해 또 한 가지 필요한 것이 다양한 형태의 참여이다. 지금까지의 기업사회에서는 전일제 노동이 시장에 참여하기 위한 최저조건이었다. 그런 조건 때문에 그동안 많은 사람이 노동시장에서 밀려났다고 해도 과언이 아니다. 비록 조직의 운영면에서는 기업과 같은 형태를 빌려오지만, 우리가 생각하는 조직은 세계적 경쟁이나 이윤을 추구하는 기업이 아니다. 마을을 좋게 만들고 싶은 사람들이 모여서 자기가 사는 마을을 살기 좋은 곳으로 만들기 위한 활동이다. 그러므로 각자의 능력과 형편에 따라 참여의 폭을 넓혀 더욱 많은 사람에게 참여의 기회를 주면된다. 물론 기업형태로 조직이 운영되기 때문에 각각의 공헌 정도에 따라 노동의 대가를 지급하고 그에 따른 책임도 부여하면 된다.

이렇게 참여의 폭을 넓힘으로써, 지금까지 경제 시스템 안에서 무시당했던 재능 있는 사람들을 적극적으로 발굴하여 지역 커뮤니티의 문제해결 주체로 만들 수 있다고 생각한다. 그 대표적인 예로 주부를 생각해볼 수 있다. 'M자형 취로'[4]라는 말로 표현되듯이, 현재의 경제 시스템에서는 많은 주부들이 결혼이나 출산에 의해 어쩔 수 없이 사회활동을 잠시 중단하고 있다. 그러한 사람들을 흡수하는 완충장치가 없기 때문에 지금까지

쌓아온 실무경험은 활용되지 못하고 잠자고 있다. 특히 최근에는 고학력자와 장기간의 해외경험을 가진 사람들도 포함되어 있어서 그 손실이 상당히 크다. 또한 건강한데도 취로의 기회가 없는 고령자나 취업난으로 인해 좀처럼 취업을 못하는 젊은이들도 우리가 활용하지 못하는 중요한 인적자원이라 할 수 있다. 이렇게 주변을 둘러보면 지역 커뮤니티의 문제를 해결할 주체가 지역 내부에 매우 많이 있음을 알 수 있다 그동안 사회 시스템 안에서 묻혀있던 인재들을 지역문제의 해결주체로서 적극적으로 등용한다면, 좀더 좋은 해결책이 생기지 않을까?

    이와 같이, 지역 커뮤니티의 문제해결 수단으로서, 조직을 기업형태로 운영하고 폭넓게 참획자를 모집하는 방식을 고안해 내면, 오늘날 붕괴 직전에 있는 지역 커뮤니티에서 생활자 스스로가 문제 해결 주체가 되어 적극적으로 문제를 해결해갈 것이라 생각한다. 이러한 해결 조직을 구체화한 것이 지금까지 이 장에서 다룬 커뮤니티 비즈니스이며, 그것이 지역 커뮤니티의 재생에 대한 가장 좋은 처방전이라 할 수 있을 것이다. 새로운 비즈니스 모델인 커뮤니티 비즈니스를 사용하여 지역의 문제를 지역주민이 가진 기술이나 노하우를 활용하여 스스로의 힘으로 해결해가는 것이야말로, 완전히 무너져가고 있는 지역 커뮤니티를 재건하고 새로운 지역 커뮤니티를 창조하는 가장 좋은 해결방법이라고 생각한다. 커뮤니티 비즈니스를 통해 지역주민 모두가 살기 좋은 '마을 만들기'가 이루어지기를 희망한다.

[기무라 마사키]

---

[4] [역주] 여성의 노동력률을 그래프로 그렸을 때, 출산 연령대에 비율이 떨어졌다가 나중에 다시 올라가, 그래프가 M자 모양을 이루는 형태

제3장

커뮤니티 비즈니스에서 각 주체의 역할

1. 개인~또 하나의 자신을 찾아~
   —당신은 지금 지역주민으로서의 '얼굴'을 가지고 있습니까?

앞에서 말한 바와 같이, 지역 커뮤니티에 거주하고 있는 주민 개개인의 역할은 상당히 중요하다. 그러나 나는 현재 상황에서 생활자 스스로가 커뮤니티 비즈니스의 주역으로서 문제해결 주체가 되기는 상당히 어렵다고 생각한다. 왜냐하면 지역 커뮤니티 내부에서 생활자들 간의 관계가 구축되지 않았을 뿐만 아니라 거기에 사는 사람들의 '얼굴'이 보이지 않는다고 생각하기 때문이다. 그래서 이 절에서는 개인이 커뮤니티 비즈니스의 주역으로서 지역 커뮤니티에서 문제해결 주체로 활동하기 위해서는 어떻게 해야 하는가에 대해서 이야기하고자 한다.

**각자의 '얼굴'을 가진다는 것**

샐러리맨은 특정 기업에 소속되어 일상생활의 대부분을 그 기업에서 일하는데 쓰고 있다. 그렇다면 우리는 이와 같은 사원으로서의 '얼굴' 외에 생활자로서의 '얼굴'을 가지고 있는가? 이 질문에 바로 Yes라고 답할 수 있는 사람은 적지 않을까?

한번쯤 사회에서 분리된 자신의 '얼굴'에 대해 생각해 보기 바란다.

고령화에 따라 기업을 떠나 '한 사람의 생활자'로 사는 기간이 길어지고, 퇴직 후에는 여지없이 기업인으로서의 '얼굴'을 버리고 생활자로서의 '얼굴'을 갖는 날이 다가올 것이다. 하지만 이러한 변혁은 하루아침에 이루어지는 것이 아니다. 그렇다고 생활자로서의 '얼굴' 없이 지역 커뮤니티에 융화되어 생활하는 것은 상당히 곤란하지 않을까?

물론 무리하게 지역에 융화되라든가 지역주민의 '얼굴'을 만들기 위해 회사의 업무를 소홀히 하라든가 라는 말은 아니다. 다만 자신이 어떤 능력을 가지고 있으며, 어떻게 지역에 공헌할 수 있는가 하는 '얼굴'을 가지고 있는 편이 지역 커뮤니티 안에서 쾌적하게 지낼 수 있지 않을까 싶다. 이런 '얼굴'이 있으면 적극적으로 지역 커뮤니티에 참여할 수 있으며, 동시에 커뮤니티 비즈니스의 주역으로서 지역 커뮤니티의 문제해결이라는 장에서 자신 있게 활약할 수 있다고 생각하기 때문이다. 이는 나이에 관계없이 삶의 보람을 만든다는 점에 있어 중요한 것이 아닐까?

이렇게 개인이 '얼굴'을 가지는 것은 커뮤니티 비즈니스로 대표되는 지역 커뮤니티에서만 중요한 것이 아니다. 특히, 오늘날 생활의 기반이 되고 있는 회사 생활에서도 이런 '얼굴'을 가질 것이 요구된다. 현재 '실력주의'라는 이름하에서 기존의 인사 시스템이 근본적으로 재검토되어 종전과는 전혀 다른 시스템으로 변경되고 있는 가운데 어려움을 실감하는 사람들도 많을 것이다. 이는 기업이 회사원으로서의 '얼굴'이 아니라 한 사람의 전문인으로서의 '얼굴'을 요구하는 것이라고 할 수 있지 않을까? 다시 말하면, 앞으로는 커뮤니티 비즈니스에 뿐 아니라 모든 분야에서 개개인이 확실히 자신의 '얼굴'을 가져야 한다는 것이 아닐까?

그렇다면 지역주민으로서의 '얼굴'은 어떻게 만들면 좋을까? 많은 사람은 자격을 취득하여 새로운 자신의 모습을 그리려고 한다. 그러나 그렇게 무리할 필요는 없다. 어디까지나 '지금의 자신'을 중심으로 생각하는 것이 중요하다. 사람들은 이미 지금까지 살아오면서 다양한 경험을 통해 교훈을 얻었으며, 그 지식은 자기도 모르는 사이에 자신의 체내에 쌓여 있기 때문이다. 이러한 지식은 그것을 모르는 사람에게는 '보물섬'과 같은 것이다. 이를 적극적으로 드러낼 수 있다면 그 사람은 자연스럽게 생활자로서의 '얼굴'을 만들어가는 것이다. 넓은 의미의 경력이 '얼굴'을 형성한 것이라고 할 수 있지 않을까?

### 경력을 뒤돌아보는 의미

가장 쉬운 예로 비즈니스 경험을 들 수 있다. 많은 사람은 그동안 비즈니스에서 많은 성공이나 실패의 경험, 그리고 일화들을 가지고 있다. 그러한 경험을 돌이켜보며 자기를 자세하게 분석하면 자신의 강점을 찾아낼 수 있을 것이다. 물론 프로로서 독립할 수 있을 만큼의 강점은 필요하지 않다. 전직을 하거나 벤처 비즈니스를 시작하기 위해서는 최첨단의 전문적인 지식이 필요하지만, 지역 커뮤니티 안에서 생활하고, 그 안에서 '얼굴이 보이는 관계'를 구축해가기 위해서는 그만큼의 지식이나 기능은 필요하지 않다. 다만 다른 사람과 비교해서 '상대적으로 잘 안다'는 정도로 자신의 '얼굴'이 잘 표현될 수 있다면 충분하다. 이는 지역 커뮤니티의 문제를 해결하는 커뮤니티 비즈니스도 같다. 자신의 경력에서 부족한 부분은 다른 사람의 협력을 구하거나 지도를 받을 수 있다. 아니면 실제로 비즈니스를 운영해가면서 그 분야의 능력을 습득하여 신장시켜 가면 된다.

그러나 이렇게 생활자로서의 '얼굴'을 갖기 위해서 자신의 경력을 뒤돌아보는 것은 그 이상의 의미는 없는 것일까? 나는 개인의 경력 형성은 '얼굴'을 갖기 위해서뿐만 아니라, 커뮤니티 비즈니스의 주역으로서 활약하기 위한 원동력이며, 거기에는 다음과 같은 세 가지 의의가 있다고 생각한다.

1) 자기의 경력을 되돌아봄으로써 그동안의 경력개발에 대해 재인식할 수 있다.
2) 지금까지의 수동적이었던 경력의 궤적을 돌아봄으로써 '정말 하고 싶었던 것은 무엇인가?'에 대해 인식할 수 있다.
3) 지금까지의 경력을 되돌아봄으로써 자신감을 강화하는 기회를 얻을 수 있다.

이 과정을 통해서 우리는 자신이 얼마나 '경력 개발'에 소극적이며 수동적이었는지 인식하게 될 것이다. 그러나 그것은 본인의 책임은 아니다. 지금까지는 이러한 기회가 없었기 때문이다. 앞으로 커뮤니티 비즈니스를 통해 자신의 경험을 재구축하기 위한 기폭제로 삼으면 좋다. 또한 이렇게 자신의 경험을 뒤돌아보는 것은 '정말로 하고 싶은 일'을 발견할 수 있는 기회를 제공할 수 있다. 지금까지 성실하게 비즈니스맨의 인생을 살아왔다면, 경력을 되돌아 볼 때 그 경험이 자신감이 되어 나타날 것이다. 그러나 이러한 경험이 없는 사람은 일은 어디까지나 비주체적이고 수동적인 것이라고만 생각하며, 이는 불만으로 나타난다. 이런 경우에는 새로운 경력을 쌓아가면서 도대체 자신은 무엇을 하고 싶은가를 자문자답해볼 필요가 있다.

그러나 경력 되돌아보기는 부정적인 결과만을 남기는 것은 아니다. 확실히 성공이라고 생각되는 경험을 많이 가지고 있는 사람도 있을 것이다. 이러한 성공적인 경험은 자신감을 형성하며, 자기를 한층 신장시키는 동기부여가 된다. 결국, 경력의 재구축을 통해 향후의 경력개발을 위한 목표가 결정될 수 있는 것이다. 이와 같이 경력을 되돌아보는 것은 생활자로서의 '얼굴 만들기' 뿐만 아니라, 커뮤니티 비즈니스에서 중시되는 자신과 경력의 관계를 재발견할 수 있는 좋은 기회를 제공하리라 생각한다.

### '경력'의 3단계

그러면 어떻게 경력을 뒤돌아보면 좋을까? 구체적인 방법으로 나는 3단계의 '경력'을 제안하고 싶다. '경력'이란 자기를 뒤돌아보고 목표를 정해서, 그것을 실제로 시도해보는 것이다. 기업에서 흔히 실시하고 있는 PDCA사이클 같은 것이라고 할 수 있겠다. 이 과정을 통해서 어렴풋하게나마 자신의 경력이라는 것을 인식하게 되면 다행이다. 이 책은 주로 직장인을 대상으로 하고 있지만, 주부나 학생의 경우에도 일을 가사나 공부로 바꿔 생각해 본다면 충분히 응용이 가능할 것이다.

(1) 경험의 회상

일상의 업무에 쫓기는 직장인의 경우, 차분하게 앉아서 장기적인 경력계획을 세우기란 매우 어렵다. 조직에 속해있는 이상, 통지서 한 장으로 전근이나 이동을 하게 되므로 장기적인 계획을 세워봤자 쓸모없다고 생각하는 사람도 많을 것이다. 우선 첫 번째 단계로 지금까지 자신의 경력을 1장의 큰 종이에 적어보기 바란다. 처음에는 소속과 직급, 주요한 거래처 정도밖에 적어내지 못해 실망할지도 모른다. 그러나 그것만으로는 '자신은 무엇을 할 수 있고, 어떤 강점을 가지고 있는가?'라는 근본적인 의문에 대답할 수 없으며, 상대에게도 설명할 수 없다. 그래서 한발 더 나아가, '그 직장은 어떤 사람들로 구성되었으며, 그 구성원들의 인간성은 어땠는가?', '어떠한 업무를 어떻게 역할분담을 해서 수행했는가?', '그 가운데 어떠한 성공경험이 있으며, 실패를 어떻게 극복했는가?', 또한 '거기서 어떠한 사람이나 말에 감동했었는가?', 그리고 '거기서 얻은 것, 잃은 것은 무엇인가?' 이런 것들을 자세하게 적어 큰 종이의 공백을 채울 필요가 있을 것이다.

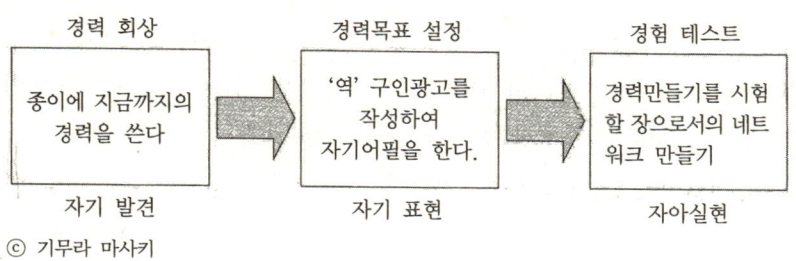

표 1. '얼굴'을 가진 지역주민이 되기 위해서
~3개의 스텝~

ⓒ 기무라 마사키

주부나 학생의 경우도 마찬가지다. 회사에서 일하지 않는다고 경력을 쌓을 수 없는 것은 아니다. 회사와 같은 조직에 구속되지 않은 사람들이 더욱 '생활자'로서의 감각에 가까운 것은 두말할 나위도 없다. 지금까지의 인생을 뒤돌아보고, 인생의 전환점이 된 것은 무엇인지, 그리고 어떻게 지금의 자신을 이루어왔는가, 등 자신을 확실히 파악할 수 있다면, 주부나 학생도 경력을 뒤돌아볼 수 있을 것이다.

(2) 경력목표 설정

이렇게 적은 다음 단계가 경력목표를 정하는 일이다. 지금까지의 경력을 적어봄으로써 자신이 어떠한 경력을 거쳐 오늘에 이르렀는가를 자신의 눈으로 확실하게 인식할 수 있다. 이를 기준으로 목표를 좁혀가는 것이다.

어떻게 목표를 설정하면 좋을까? 나는 '경력 되돌아보기'를 할 때 적은 것을 관련 키워드로 집약시킨 후에, 이것을 바탕으로 자신의 '역' 구인광고를 작성할 것을 제안하고 싶다. '역' 구인광고란 '자기 PR'이라고 할 수도 있지만, 자신이 지역에 어떠한 공헌을 할 수 있는가 하는 점에 주목하여 커뮤니티 비즈니스를 하려는 사람에게 어필하는 내용을 담은 광고 같은 것이다. 또한 '자기 PR'이라면 단순히 좋은 면만을 강조하는 것이지만, '역' 구인광고는 객관적으로 자기를 들여다보고, 지금 자신이 지역 커뮤니티에 공헌할 수 있는 것, 공헌하기 위해 더욱 신장시켜야 할 부분 등을 강조할 수 있다. 이는 커뮤니티 비즈니스 본래의 '얼굴이 보이는 관계'의 '얼굴'을 형성하는 중요한 열쇠가 된다고 생각한다.

그러면 '역' 구인광고를 작성해보자. 지금까지의 경력을 특정 키워드로 연결시키는 일부터 시작한다. 키워드는 무엇이라도 좋다. 여러 지역을 돌아다닌 사람이라면 '이문화 커뮤니케이션'이라도 좋고, 같은 업무를 장기간 계속해 온 사람이라면 'OO사무의 전문가'라도 좋다. 또한 성공과 실패의 경험도 연결시켜 보면 뭔가 법칙성이 드러날 것이다. 사소한 것이라도 전혀 상관없다. 아무리 사소한 것이라도 사회에 공헌할 수 있는 자산이며, 자기의 경력을 돌아보면서 '다른 사람과 비교해서 상대적으로 무엇을 잘하고 무엇을 못 하는가'를 발견하는 과정 자체가 중요한 것이다.

키워드로 연결시키는 것이 어렵다면 무언가 하고 싶은 것을 제목으로 해서 '역' 구인광고를 작성한다. 그다음에 그에 맞는 경력을 경력지도에서 골라내어 키워드를 만들면 된다. 다만 이 경우에는 자신의 단점이나 실패가 자신이 하고 싶은 것에 어떻게 관련되어 있는가를 충분히 파악할 필요가 있다.

(3) 경력 테스트

이렇게 '역' 구인광고를 작성함으로써 지금까지 자신의 경력과 '잘하는 것, 못하는 것'을 대충이나마 인식할 수 있을 것이다. 그러나 이는 어디까지나 자기 판단에 의한 것이 많아서, '이런 것도 될까?'라고 불안해하는 사람도 많을 것이다. 여기서 3번째 단계로 실제 그 경력을 사용해 볼 장소를 찾는 일로 옮아간다. 하지만 현실에서는 그러한 시험의 장을 발견하기가 어렵다. 여기서는 그 준비작업으로 자기의 경력을 시험할 '장'을 만들기 위한 네트워크 만들기를 제안하고 싶다. 아무리 지역의 문제를 해결하려는 의욕이 강해도 혼자 힘으로는 뿌리가 깊은 문제에 대처하기가 어렵다. 그것은 앞 단계에서 작성했던 '역' 구인광고에서도 분명히 알 수 있다. 그래서 작은 힘을 모아서 문제를 해결하려는 것이 커뮤니티 비즈니스다. 힘을 모을 동료를 어떻게 만들어 가면 좋을까?

우선 자신의 가까운 곳에 있는 네트워크를 활용해보자. 커뮤니티 비즈니스가 지역에 밀착된 비즈니스라고는 하지만, 지역 커뮤니티의 인간관계가 희박한 오늘날 갑작스럽게 그것을 형성하기는 어렵다. 때문에 지역 커뮤니티 내부에 한정하지 않고 자신이 알고 있는 범위 내에서 가까운 사람들과 자신의 기술을 시험할 장으로 만들 것을 권한다. 물론 최근 발달하고 있는 인터넷으로 동료를 만들어도 좋다. 이렇게 만나게 된 동료는 마음이 통하기 때문에 상호간에 적절한 조언이 가능하고, 자기의 시야를 넓히고 기술을 향상시키는데도 충분히 효과가 있을 것으로 기대된다. 또한 실제로 지역에서 커뮤니티 비즈니스를 시작할 때는 그러한 동료 간의 네트워크가 큰 지원자가 되어 커뮤니티 비즈니스를 성공으로 이끄는 하나의 원동력이 된다.

하지만 이러한 개인의 네트워크 만들기만으로는 분명 한계가 있고, 지역 커뮤니티 내부로 침투하기도 어렵다. 그러나 지역 커뮤니티 내부에도 가까운 곳에 사는 동료와 그들을 지원하는 조직이 자신들이 사는 마을을 살기 좋은 곳으로 만들고자 하는 사람들이 여기저기 있을 것이므로, 이들을 연결시킬 지원체계가 필요하다. 다음 절에서는 이러한 커뮤니티 비즈니스의 씨앗을 한데 모아 실제 움직임으로 이어가기 위해서 지자체가 해야 할 역할에 대해 다루겠다.

## 2. 자치체 ~새로운 지역 서비스 조직으로의 비약~
― 지역주민과 공생하는 조직이 되기 위하여

앞에서 커뮤니티 비즈니스의 발전의 기초는 주민이 각각이 '얼굴'을 가지는 것이라고 했다. 그러나 개인이 아무리 '얼굴'을 가지고 활동했다고 해도 그것은 어디까지나 개인단위의 행동에 그칠 뿐 지역차원의 운동으로 확대되지는 않는다. 그러한 하나하나의 작은 씨앗을 키워가는 역할을 담당할 주체가 필요하다. 그 주인공이 바로 지자체이다. 과연 주민 주체의 커뮤니티 비즈니스에 지자체가 어떻게 지원하면 좋을 것인가?

### 꿀벌 역할이란?

나는 여러 곳에서 꿀을 운반하는 꿀벌의 역할이 필요하다고 생각한다. 꿀벌의 알파벳 'B', 'E', 'E'는 지자체가 실시해야 할 역할을 나타내고 있다. 그 역할은 다음과 같다.

B…Bridging(중개)

E…Encouragement(격려)

E…Engagement(결연)

이런 역할들은 커뮤니티 비즈니스가 성장함에 따라 반드시 필요하게 될 것이다.

### 중개(Bridging)

그러면 각 지자체가 수행해야 하는 역할에 대하여 하나씩 논해보자. 우선 "B". 지자체가 커뮤니티 비즈니스를 위해 가장 먼저 해야 할 일이

표 2. 지자체 측에 요구되는 지원 조직(Bee-Approach)

| First Stage<br>(스타트업 기) |  | Second Stage<br>(성장기) |  | Third Stage<br>(성숙기) |
|---|---|---|---|---|
| **Bridging**<br>정보교환의 '장' 제공으로 커뮤니티 비즈니스 창업추진 | | **Encouragement**<br>'촉진자' 양성에 의한 내부의 문제해결 능력의 촉진, 새로운 씨앗의 발굴 | | **Engagement**<br>내외와의 교류에 의해 정보교환과 문제 탐색 |

출처: 호소우치 노부타카기무라 마사키 '지역 재생을 위한 커뮤니티 비즈니스의 구조' 'TOYONAKA 비전 22' 3호(토요나카(豊中) 시정연구소, 2000년 3월)

정보교환의 '장'을 제공하여 커뮤니티 비즈니스의 싹을 틔우는 것이다.

커뮤니티 비즈니스는 지역에 내재하는 문제가 저기가 되어 시작하는 작은 비즈니스다. 여기에 참여하는 사람들은 대부분 직장인으로, 자영업자와 달리 회사에 '근무'한 경험은 있지만 회사를 '경영'하는 경험을 가진 사람은 얼마 없다. 따라서 문제의식과 문제를 해결하고자 하는 열정을 가지고 있으면서도 불구하고, 세무나 각종 신고와 같은 정말로 사소한 장벽 때문에 그 싹을 틔우지 못하는 경우가 많은 것 같다. 하지만 이러한 문제는 경영관련 지식이 필요한 사람과 그것을 만족시킬 수 있는 지식을 가진 사람을 연결시켜주는 것으로 간단히 해결할 수 있다. 그렇게 때문에 커뮤니티 비즈니스를 발아시키기 위해서는 각 행정어 '중개'역할이 요구된다. '중개'는 어려운 일이 아니다. 지역신문에 인재 공고란을 만든다든가 시청의 공고란에 관련 정보를 게시해 두는 것으로 충분하다. 이렇게 각 행정섹터가 중개역할을 함으로 커뮤니티 비즈니스의 작은 싹이 튼다.

**격려(Encouragement)**

그다음에는 커뮤니티 비즈니스를 시작한 사람들이 문제해결 과정에서 부딪히게 되는 '벽'을 넘어설 수 있도록 지원하는 것이 필요하다. 물론 지역의 자발적인 행동으로 해결하는 것이 커뮤니티 비즈니스의 기본이고 이상이다. 그러나 모든 식물이 비료가 있으면 더욱 튼튼하게 성장하듯이, 커뮤니티 비즈니스도 비료가 될 인재가 필요하다. 즉 중개의 다음 단계로서 커뮤니티 비즈니스에 대해 '격려'가 될 수 있는 인재를 육성해가는 것이 필요한 것이다.

그러면 커뮤니티 비즈니스를 '격려'할 수 있는 인재를 어떻게 육성해야 하는가? 리더십이나 문제해결 기법과 같이 커뮤니티 비즈니스에는 직결되지 않지만 집단행동을 하는데 필요한 기법을 가르치는 강습회를 개최하면 좋을 것이다. 이러한 강습회를 통해 조직의 문제를 해결하고, 논의를 교통 정리할 수 있는 이른바 '촉진자'(facilitator)를 육성할 수 있다. 이들이 커뮤니티 비즈니스의 장에 참여하여 커뮤니티 비즈니스를 이전보다 목적의식이 뚜렷한 조직으로 키워갈 수 있다. 또한 지역의 구석구석까지 촉진자가 양성됨으로써 커뮤니티 비즈니스가 지자체 내의 모든 곳에서 발생할 수도 있다.

지금까지 일본에서는 철도나 도로 같은 인프라의 차이 때문에 같은 지자체 안에서도 지역간 격차가 존재했으며, 그 차이를 행정섹터가 단독으로 해결하기는 상당히 어려웠다. 그러나 촉진자가 많이 양성되어 지자체 내의 각지에 존재하게 되면, 이런 지역문제를 해결하는 주체가 많아져, 모든 곳에서 커뮤니티를 기반으로 하는 비즈니스가 발생하는 것을 기대할 수 있다.

### 결연(Engagement)

이렇게 싹을 틔우고 영양을 줌으로써 커뮤니티 비즈니스는 더욱 성장할 것이다. 이쯤 되면 비즈니스의 주체들도 자립하여 착실히 지역문제를 해결해나가게 될 것이다. 그런데 커뮤니티 비즈니스는 결코 지역 안에서 폐쇄적으로 행할 것이 아니라 넓은 시야를 가질 필요가 있다. 다양한 사례를 다른 지자체와 공유하고, 가까운 장래에 커뮤니티에 발생할 수 있는 문제에 관해 다른 지자체의 실천사례를 배우면 초기에 그 문제를 해결할 수 있게 될 것이다. 커뮤니티 비즈니스의 성숙단계에는 다른 커뮤니티와 연계시켜주는 '결연' 역할을 행정 섹터가 해주어야 한다.

이와 같이 스스로 주체가 되는 것이 아니라, 주민의 행동에 대해 간접적으로 움직이는 꿀벌 같은 활동을 행정 측에서 해줌으로써 지역에 활기가 생기고 지역 전체의 힘이 증대한다. 그리고 이런 움직임이 일본 전체에 확산되어 전국적인 활력증대를 가져올 수 있다.

### '생활자를 위한 지역 서비스 기관'으로

이러한 지자체의 시도는 커뮤니티 비즈니스의 발전 이외에 어떠한 효과를 불러올 수 있을까? 나는 지자체가 새로운 지역 서비스 조직으로 변신하여, 생활자와 공생하는 조직으로 다시 태어나기 위한 귀중한 첫 걸음이 된다고 생각한다. 지금까지 지자체의 지역 커뮤니티 정책은 '지원'이나 '보조'라는 단어를 사용하여 '강한' 행정이 '약한' 생활자를 보조해준다는 이미지가 강했었다. 하지만 이러한 상하관계에서는 아무리 지자체가 노력을 해도 생활자와 같은 목표를 가지고 서비스를 제공할 수 없었다.

그러나 지자체를 둘러싼 상황을 보면, 이제부터는 지자체도 생활자의 의견을 듣고, 그것을 잘 활용하면서 적극적이고 자발적으로 마을 만들기를 해나갈 필요가 있다. 지자체는 지금까지의 나라의 대리기관에서 본래의 '지역주민을 위한 지역의 서비스 기관'으로 변신해야 할 것이다. 지금까지의 체질을 갑자기 바꾸는 것이 어렵다면, 생활자의 주체적인 마을개선 활동을 지원하는 간단한 일부터 변신을 도모하여 그 성격을 변화시킬 수 있을 것이다. 특히 공공사업에서는 지자체가 민간의 힘을 빌리면서 사업을 실시하는 PFI방식이 도입되고 있다. 커뮤니티 비즈니스는 그것의 '생활자판'이라고 할 수 있으며, 풀뿌리 PFI라 할 수 있지 않을까? 따라서 지자체는 PFI와 동시에 커뮤니티 비즈니스에 대해서도 지원해야 할 것이다.

### 설명력의 향상

이러한 지자체의 경영혁신은 지자체에게만 이익이 되는 것이 아니다. 거기에서 생활하는 지역주민에게도 큰 효과를 불러온다. 그 예로 행정의 설명력 향상을 들 수 있다.

오늘날 많은 생활자가 납세자의 당연한 권리로 지자체에게 설명력을 요구하고 있다. 그것은 지역주민의 대부분이 스스로 지불한 세금이 적절하게 지출되고 있는지에 강한 관심을 갖고 있기 때문이다. 지역 문제해결이 생활자 중심으로 이루어져야 하는데도 그 문제해결이 어렵고 생활자는 무관심하여 대부분 지자체에 맡겨졌다. 그러나 지자체 직원 모두가 그 지역 커뮤니티에 살며 지역 문제에 정통한 것도 아니기 때문에, 지자체 정부가 아무리 노력을 해도 모든 주민의 기대하는 결과에 이르지 못한다. 게다가 행정측도 효율성을 우선시한 나머지 "왜 그렇게 되었는가?" 또는 "지역 주민에게 어떠한 이익이 있는가?"에 대해 충분히 설명하지 않아 생활자의 입장에서 볼 때 투명성이 낮은 것이 현실이다.

그렇다면 이러한 문제를 커뮤니티 비즈니스로 해결하고 지자체가 그것을 보조하면 어떨까? 이 경우 우선 "이러한 문제를 왜 지자체가 아닌 커뮤니티 비즈니스가 해결하도록 맡기는가?"에 대한 설명부터 해야 한다. 나아가 "왜 그 사업자에게 그 사업을 맡기는가?", "그 사업은 공익성을 가진 것인가?", "어디까지 지원할 것인가?"와 같은 질문에 이르기까지, 지자체가 커뮤니티 비즈니스를 지원하기 위해서는 다양한 과정이 필요하다. 물론 생활자는 그에 대한 의견을 말할 의무가 있다. 이러한 과정에서 적극적인 정보 공개와 관련 질문에 대한 회답, 의견에 대한 대응을 통해 다양한 시민과 지자체의 접촉 기회가 증가한다. 처음에는 이러한 시민과의 소통이 귀찮겠지만, 이 방식이 정착된다면 투명한 진행방식이 결과적으로 시간과 비용면에서로 효율적이며 서로 간에 만족스러운 문제해결 방식으로 이어질 것이라고 생각한다.

또한 지자체의 커뮤니티 비즈니스 참여는 설명력의 향상뿐만이 아니라, '마을 만들기'에서 생활자가 적극적으로 참여할 수 있는 장을 제공하는 절호의 기회가 된다. 물론 이는 커뮤니티 비즈니스를 실행하는 생활자에게만 부여되는 것이 아니다.

### 향토애의 양성

지금까지 '마을 만들기'는 지자체 중심으로 진행되어왔다. 따라서 지역 주민의 직접적 참여는 지극히 한정되어 있었다. 그러나 커뮤니티 비즈니스를 통해 다양한 형태의 마을 만들기가 추진되면 그동안 문턱이 높았던 '마을 만들기'에 주민이 참여하기 쉬워지고, 다양한 의견을 말할 수 있는 기회가 증가한다. '마을 만들기'를 그 안에 사는 사람들 모두의 문제로 생각하게 된다는 것이다. 이것은 생활자가 자신의 생활에 대해 관심이 높아지는 것을 뜻하며, 그럴수록 향토애도 발전한다. 이것은 인구 유출이 계속되고 있는 지자체에서는 더 이상의 유출을 을 방지할 수 있는 좋은 기회가 되는 동시에 나아가 다른 지역에서 새로운 생활자들이 들어오도록 하는 좋은 환경을 만들어줄 것이다. 또한 '마을 만들기'에 대한 주민의 기대가 높아지면 높아질수록 지자체 직원의 업무에 대해 뜨거운 시선이 모아지게 된다. 그렇게 되면 지자체 직원의 의욕이 높아져 좋은 의미에서의 긴장감을 갖고 더욱 효율적으로 일을 할 수 있는 상승효과를 기대할 수 있지 않을까?

생활자의 '얼굴'을 가진 지역주민과 그들에 대한 서비스 제공자로 전환한 지자체 이것으로 지역 내의 기본 틀은 수립되었다고 할 수 있다. 하지만 오늘날 기업중심 사회에서 지자체와 주민의 관계만으로는 지역에 활력을 불러일으킬 수 없다. 다음 절에서는 커뮤니티 비즈니스와 기업을 어떻게 연결되면 좋을지에 대해 생각하도록 한다.

### 3 기업 ~진정한 '기업시민'을 향하여~
— 기업활동을 통해 지역에 공헌할 수 있는 것

얼굴이 보이는 개인과 진정한 새로운 서비스업자로서의 지자체 이 두 섹터의 변화만으로 커뮤니티 비즈니스는 크게 발전할 수 있다. 그러나 아무리 작다고 해도 커뮤니티 비즈니스도 비즈니스이기 때문에 그 사회의 주역인 기업을 빼놓고 커뮤니티 비즈니스의 발전을 논할 수는 없다. 그런 환경에서 커뮤니티 비즈니스를 육성하기 위해서는 기업은 어떻게 하면 좋을까?

나는 기업이 단순히 영리집단으로서 사업을 하는 것이 아니라, 지역 안에서 하나의 공공재적인 역할을 수행해야 한다고 생각한다. 구체적으로는 다음 두 가지가 필요하다고 생각한다.
- 지역과의 적극적인 커뮤니케이션의 실시
- 종업원의 경력 육성 지원

일찍이 '기업시민'과 같은 단어를 자주 들어본 사람도 많을 것이다. 그러나 오늘날에는 거의 그 단어를 들을 기회가 거의 없다. 왜일까? 기업이 이미 지역사회의 일원으로 자리 잡았기 때문일까? 아니다. 오랜 불황으로 경기가 크게 어려워지자 기업은 지역과의 접촉에 신경을 쓸 여유가 없는 것이다. 하지만 기업이 자리 잡은 지역에서 원만하게 기업을 운영해가기 위해서 그 지역과의 연대는 상당히 중요하고, 그 노력을 게을리 한 기업은 결국 지역과의 마찰로 그 지역에서 쫓겨나게 된다. 이러한 비극을 막기 위해서라도 기업은 그 지역에 적극적으로 융해되어야 한다. 나는 이를 위해서 적어도 정보공개와 지역행사 참여 정도는 실천할 필요가 있다고 생각한다.

요즈음 기업과 주민 사이에 갈등이 일어나는 경우가 많은데, 이는 기업의 논리로 사업을 전개하여 주민의 강한 저항에 부딪히는 것이다. 처음에는 사소한 문제였던 것이 결국에는 수습할 수 없을 만큼 커져버린 것이라고 생각한다. 왜 이러한 일이 생기는 것일까? 아마도 기업이 사전에 주민에게 충분한 설명을 하지 않았기 때문일 것이다. 기업의 입장에서는 가볍게 생각한 것도 그 지역에서 생활하는 주민에게는 생활기반을 무너뜨릴 수 있는 상당히 큰 사건이 될 수 있다. 이러한 상호간의 인식차이로 인해 문제가 발생하게 된다. 원래 간단히 해결할 수 있는 문제가 시간이 흐름에 따라 서로 체면 문제까지 얽히게 되어 대규모의 분쟁으로 발전할 위험성이 있다.

### 정보공개의 필요성

이러한 사태를 예방하기 위해서 기업은 적극적인 정보공개로 주민의 불안을 없애도록 노력해야 한다고 생각한다. 지금까지 많은 기업이 '필요에 따라' 정보를 공개했다. 그러나 이렇게 최소한의 정보만을 공개한다면 주민은 항상 '저 기업이 뭔가 숨기고 있는 것 아닌가?'하고 의심하게 된다. 물론 기업의 입장에서 반드시 유지해야 하는 기밀이 있을 것이다. 그러나 그 이외의 정보는 적극적으로 공개하여 투명한 모습을 보여줌으로써 지역주민과의 신뢰관계를 키워나가 한다. 많은 기업이 입지 단계에서만 정보를 공개하고 있다. 하지만 사업을 운영할 수 있는 것은 그곳에 자리 잡을 수 있도록 해주었기 때문이다. 따라서 지역주민에게 정기적으로 정보를 공개할 필요가 있다. 이것이 정착되면 기업은 지역에 열린 존재가 되어 지역과 함께 발전할 수 있지 않을까?

정보공개는 지역을 향한 일방적인 정보발신이다. 따라서 기업과 지역사회의 적극적 관계형성이라는 관점에서는 소극적인 수단이라고 할 수 있다. 한걸음 더 나아가 기업이 지역에 뿌리내리기 위해서 지역행사 참여를 생각할 수 있다. 지금까지는 기업의 지역행사 참여는 단순히 협찬금 기부와 같은 자금면의 참여에 그치는 경우가 많았다. 그러나 이는 기업의 지역사회에 대한 최소한의 의무에 지나지 않는다. 보다 적극적인 지역 활동 참여를 위해서는 자금지원에 그치지 않고, 인적·물적으로 지역 활동에 참여해야 한다. 앞에서 언급했듯 지역행사는 지역 커뮤니티 붕괴로 인하여 그 운영이 상당히 어려워지고 있다. 그렇기 때문에 운영자 측에서는 자금 지원뿐만 아니라 적극적으로 참여해주는 인재와 운영에 필요한 자재를 원한다. 예를 들자면, 인쇄물의 복사, 책상과 의자와 같은 비품대여, 이벤트 내용에 대한 앙케트 조사 협조 등 일일이 열거할 수 없을 정도로 많다. 기업들은 이러한 지역의 기대에 부응하기 위해서 적극적인 지원체제를 정비해야 할 것이다. 물론 지역에서 기획하는 행사에 참여하는데 그치지 않고, 기업 스스로가 지역과 공생해가기 위한 행사를 기획 운영한다면 지역과의 관계는 한층 더 깊어질 수 있을 것이다. 이렇게 함으로써 기업에 근무하는 종업원도 지역사회의 일꾼으로서 자부심을 갖고 일할 수 있지 않을까?

### 종업원의 경력육성 지원

또 하나가 종업원 경력육성 지원이다. 이는 지금까지의 기업과 종업원과의 관계에 대한 반성에서 나온 것이다. 지금까지 기업은 종업원을 기업의 이윤 극대화를 위한 단순한 도구 또는 자원으로만 보았고, 종업원은 기업을 안정적으로 존재하면서 임금을 보장해주는 존재로만 생각했다. 그 결과 1절에서 말한 '얼굴 없는 생활자'를 만들어낸 것이 아닐까?

하지만 앞으로는 생산구조의 전환이 현저히 진전되어 기업과 종업원 모두 서로에 대한 인식개혁이 필요하다. 이러한 현상을 한마디로 표현하자면, 기업이 제공하는 재화가 '물질'에서 '서비스'로 변화되는 경제의 소프트화가 진행되는 것이다. 이와 더불어 기업에 있어 종업원은 이윤 극대화를 위한 양적으로 계측 가능한 자원이 아니라, 기업의 가치를 창출하는 최대의 역할을 담당하는 존재가 되었다는 것이다. 종업원 입장에서 볼 때도 기업환경은 많이 변했다. 지금까지의 '기업수명 30년설'이 무너져 기업의 수명이 점점 짧아지고 있으며, 저출산·고령화 사회를 맞이하여 오랫동안 일을 할 수 밖에 없는 상황에서, 종종 직장을 옮기거나 직업을 바꾸게 되는 시대가 코앞에 닥쳐왔다.

결국 앞으로는 서로 자주성을 존중하고 기업과 종업원이 '경력'을 매개로 신뢰관계를 구축해나가야 할 것이다. 이를 위해서 기업은 기존의 종업원에

표 3. 앞으로의 기업과 종업원의 관계

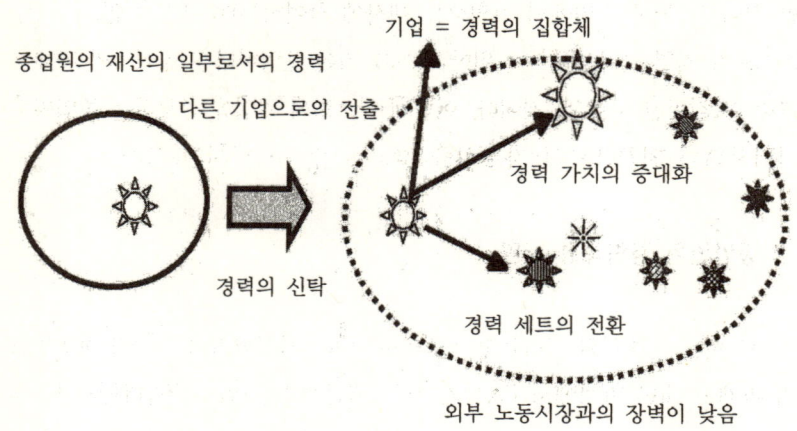

출처: 기무라 마사키 '지방 전기사업자의 인적자원 전략 ~지역종업원기업에 이익을 가져오는 "인재뱅크" 구상' (게이오대학 대학원 경영관리 연구과 학위수여논문 2000년 3월)

대한 인식을 근본적으로 바꿔서 '가치를 창출하는 원천'이라는 귀중한 존재임을 확실히 인식하고, 어디까지나 종업원의 '경력'을 일시적으로 수탁하고 있다는 인식을 가져야 한다. 또한 종업원이 가지고 있는 경력의 '수탁자'로서 그가 최대의 성과를 낼 수 있도록 기업의 특수한 업무관련 교육을 넘어서는 폭넓은 인재개발 메뉴를 개발해서 제공해야 한다. 또한 지금까지 종업원이 형성해 온 경력을 기업 자신이 뒷받침해준 것이라는 의식을 가지고, 현재 기업이 추구하는 방향과 맞지 않는 인재에 대해서도, 경력유지 또는 전환에 필요한 지원을 해줄 의무가 있다는 것을 자각해야 할 것이다.

이렇게 함으로써 기업은 지역에 유익한 '얼굴'을 가진 인재를 공급하는 존재로 변할 수 있고 지역사회와 함께 발전할 수 있는 것이 아닐까?

【주】
　이러한 캐리어 회상에 대해 더 자세히 알고 싶은 사람에게는, 히사츠네 케이이치의 '능률수첩에 그리는 개인의 비즈니스사'를 추천한다.

[기무라 마사키]

제4장

21세기 지역경영의 시책 전망

## 1. 새로운 사회 문제와 개인의 관계

거품이 붕괴된 이후 일본의 사회와 경제는 사방이 막혀있는 듯, 좀처럼 돌파구가 보이지 않는다. 대부분의 국민이 생활에서 풍족함을 못 느끼는 것이 현실이다. 최근 떠오르고 있는 IT에 의해 정보격차가 심화되면서, 이에 연동하여 소득격차도 심화되고 있는 듯하다. 아무래도 일본에 영국병이 아닌, 일본병이 침투하기 시작한 듯하다.

영국은 1975년도에 실업률이 5% 전후였지만, 1980년대 들어서는 실업률이 두 자리 수를 기록했다. 당시, 북부 스코틀랜드에서는 영국 평균 수준을 크게 상회하여, 특정 지역 커뮤니티에서는 실업률이 20%에서 30%대까지 뛰어올랐다. '요람에서 무덤까지'라는 말로 상징되던 복지국가는 붕괴되어 갔다. 비대해진 행정을 재정적으로 떠받치기가 불가능해진 것이다.

일본의 경우도 마찬가지로, 비대해진 행정부문이 떠안은 부채는 정부와 지방지자체를 합쳐 666조 엔에 달한다. 하지만 향후 세출(税出)을 상회할 만한 세수(税収)를 크게 기대할 수도 없는 실정이고, 또한 글로벌 경쟁시대를 맞이하여 대기업도 부득이하게 구조 조정을 하게 되어 기업 간 승자와 패자의 격차가 확연해지고 있다.

영국의 경우와 같이, 일본에서도 일본병으로 인해 향후 10년간 지역사회에 여러 가지 사회 문제가 발생하게 될 것이다. 〈표 1〉 이와 함께, 지역사회 구성원 개개인과 지역사회가 어떤 식으로 관계를 맺을지가 문제될 것이고,

표 1. 일본에서 향후 10년간 발생할 것으로 예상되는 사회문제

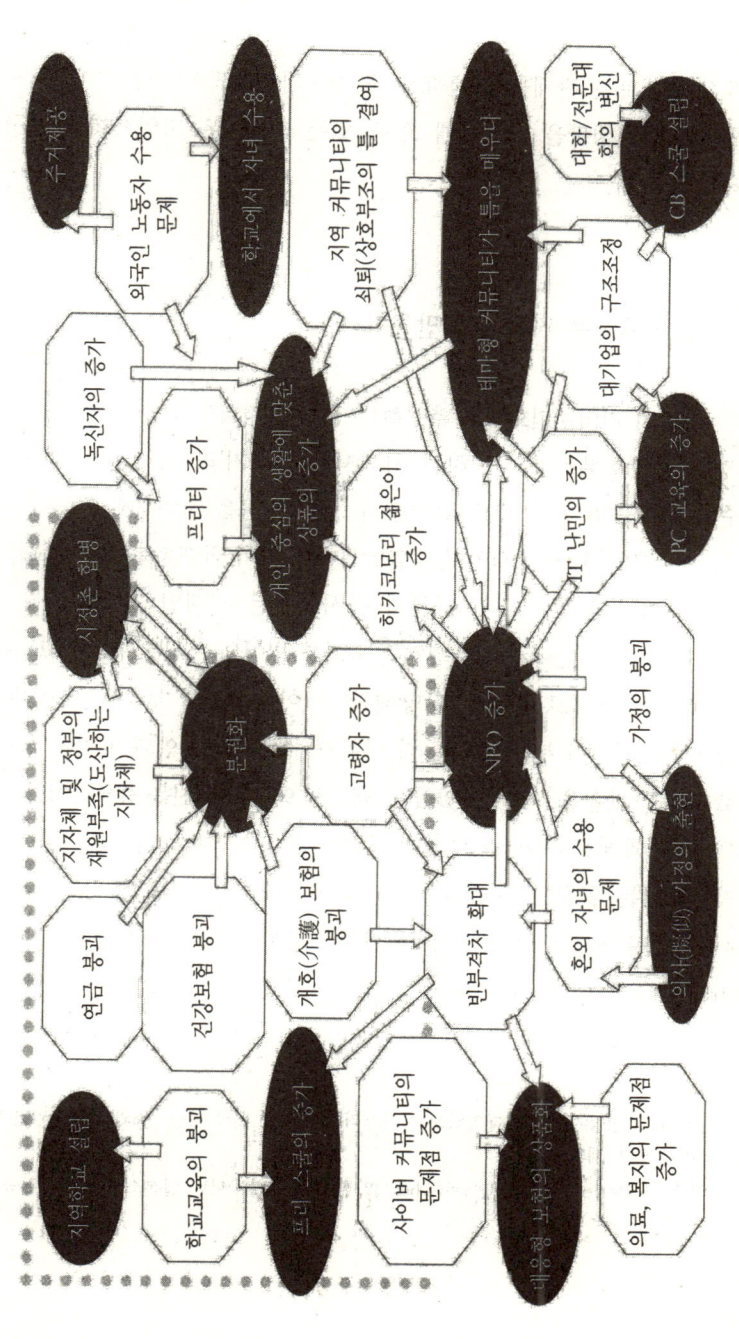

자립한 개인이 진정한 의미의 풍요를 추구하며 국가와 지역, 기업, 그리고 가정과 새로운 관계를 모색하게 될 것이다. 바꿔 말하면 주민이 개인의 풍족한 사회생활을 뒷받침해 줄 수 있는 최적화된 지역사회를 요구하게 되는 것이다.

## 2. 풍요로운 지역사회 만들기

개인이 지역주민으로서 추구하는 풍족한 지역사회란 무엇일까? 그것은 '경쟁과 상호부조가 공존하는 지역사회 만들기'라 생각한다. 이를 위해 주민 개개인이 자율적으로 참여할 수 있는 새로운 지역경제의 틀이 필요하다. 지금은 자율적인 개인이 생활방식에 맞추어 국제통화, 자국통화, 지역통화를 자신의 의지대로 구분하여 사용하는 시대인 것이다.

지금까지 일본에서는 대기업이 외화를 벌어오는 일을 담당하고, 지역사회의 일은 대체로 정부가 담당해왔다. 이 두 경제 부문의 역할에 의해 국가와 대기업이 부유해지고, 더 나아가서는 국민도 엔화의 가치 상승효과로 풍족한 생활을 누릴 수 있었다. 국민의 90%가 자신을 중류층이라 의식했으며, 쇼와겐로쿠(昭和元禄)[1]라는 말이 생겨날 정도였다. 이 시기에 기업 커뮤니티는 활황을 보였지만, 지역 커뮤니티는 쇠퇴했다.

그러나 지금은 기업에서 정리해고 당한 실업자가 320만 명, 프리터(freeter)[2]가 150만 명, 그리고 일을 하고 싶어도 취업이 안 되는 주부나

---

[1] 일본 고도 성장기의 천하태평하고 사치스러운 풍조를 이르는 말. 쇼와(昭和) 39년(1964)에 福田赳夫가 제안.
[2] [역주] 자유(free)와 아르바이트(arbeit)를 합성해서 만들어낸 일본식 영어. 비정규직으로

고령자, 장애인, 젊은이 등 지역사회에는 활용하지 못하고 있는 인재가 많다. 지자체 또한 부채를 떠안고 있기 때문에, 지금까지와 같이 지역사회의 서비스를 전부 담당하기에는 역부족이다. 경쟁을 피할 수 없는 시장만능주의 구조하에서, 이런 사람들을 활용하여 상호부조 시스템이 확립된 지역사회를 구축하려는 관점이 필요하다.

영국이나 미국에는 이미 사회적 기업으로서의 커뮤니티 비즈니스와 지역 내 재화·서비스의 교환거래 시스템인 LETS(Local Exchange Trading System), NPO 커뮤니티의 봉사 활동, 그리고 그것들을 중간 입장에서 지원, 중개하는 기관인 인터미디어리가 있고, 커뮤니티 개발법인이나 개발 트러스트와 같은 다양한 상호부조 사회시스템이 존재한다.

21세기 일본의 지자체 경영에 필요한 것은 지금까지와 같은 기능적인 정책 집행의 연장이 아니다. 주민의 참여를 증진시키고 주민이 주체가 되는 커뮤니티 비즈니스를 도입하여, 주민이 지역경영의 일익을 담당하게 함으로써 상호부조적, 자율적인 지역경제를 구축할 필요가 있다.


## 3. 커뮤니티 비즈니스로 인해 기대되는 효과

영국이 영국병을 극복하는 과정에서 활용한 것이 커뮤니티 비즈니스이다. 1980년대부터 90년대에 걸쳐, 영국 도처에 커뮤니티 비즈니스가 탄생했다. 커뮤니티 비즈니스는 1980년대 10%에 육박하던 영국의 만성적인 고실업률 상태를 해소하는 데 효과가 있었다. 지역에 필요한 일자리를 주민이 직접 주거지 주변에서 창출해 낸 것이다. 특히, 영국 북부 스코틀랜드

---

취업할 뿐 정식 직장을 구하지 않는 이를 가리킴

지방에서 커뮤니티 비즈니스는 주민이 주체가 되는 커뮤니티 개발회사를 의미하며, 이는 일본에서도 사회적 기업(social enterprise)으로 소개되었다.

우리는 지금까지 일본의 커뮤니티 비즈니스를 도쿄 시다마치(下町)에서 개발, 지원해왔다. 하지만 1998년 영국을 방문했을 때, 영국의 커뮤니티 비즈니스 경영자와 중간지원 기관과의 정보교환을 통하여 그들이 지자체와 함께 지역 경영에 적극적으로 참여해 온 것을 알았다. 나는 이미 시작된 일본병을 극복할 하나의 수단으로 커뮤니티 비즈니스가 효과적일 것이라 생각한다.

사회가 복잡해짐에 따라 지역 커뮤니티는 여러 가지 문제를 안고 있다. 쓰레기를 비롯한 환경문제로부터 고령자 간병 및 수발문제, 자녀 교육문제, 안전문제, 정보화 문제 등 이루 헤아릴 수 없는 문제가 있는 것이다. 그러나 이러한 문제에는 전문적인 지식과 기능(技能)이 필요하기 때문에 모두 해결하기는 어렵다. 하지만 이러한 문제를 간과해서는 안 되며, 시급히 해결책을 모색해야 한다. 그리고 이러한 문제를 해결할 주체자가 필요하다.

지역문제의 해결자로 지역 커뮤니티에 사는 주민이 주목받고 있다. 지역 커뮤니티에서 생활하고 있는 주민이 문제의 본질을 가장 잘 꿰뚫고 있고, 따라서 해결의 실마리를 쥐고 있기 때문이다. 또한 지역 커뮤니티 안에는 여러 경험과 지식을 지닌 사람들이 살고 있기 때문에 이러한 사람들의 지혜를 적극적으로 활용하여 전반적인 문제에 대처한다면 지역 커뮤니티의 모든 문제를 해결할 수 있을 것이다.

그러면 일반 대기업의 비즈니스와 커뮤니티 비즈니스는 어떤 차이가 있을까? 앞서 이야기했다시피 대기업은 일반적으로 경쟁, 이익을 지향하므로 생산성, 효율성이 요구된다. 한편 커뮤니티 비즈니스는 공생적, 풀뿌리적이며, 의의와 의미를 추구하는 새로운 방식의 비즈니스다. 따라서 그것은 지역과 노동자에게 인간성 회복과 사회 문제의 해결, 경제적 기반의 확립,

문화의 계승과 창조 등의 효과를 가져다줄 것으로 기대된다. 또 커뮤니티 비즈니스는 '얼굴이 보이는 관계'를 바탕으로 다양한 지원 세력이 있다는 특징이 있다. 그래서 직주일체(職住一体) 형태로 생활과 관련된 온갖 일들을 커뮤니티 비즈니스로서 만들어낼 수 있다.

### 4. 새로운 지역경영을 목표로

1998년 12월에 특정비영리활동촉진법(NPO법)이 시행되었다. 일본은 이렇게 주민 주도의 비영리활동에 법인 자격을 부여함으로써 주민의 주체성과 책임감을 불러일으켜 앞으로의 저출산 고령화 사회에 대응하려 하고 있다. 2001년 1월 말까지 약 3,300개 단체에 NPO 법인 자격이 부여되었다. 그러나 일본은 주민·시민의 지역 활동이나 사업을 측면에서 지원하는 사회적 기반은 아직 발전도상 단계이다.

일본의 지역사회는 향후 발생할 사회 문제에 대응하기 위해 '주체 만들기'를 준비해야 한다. 그 주체를 지원하기 위한 법적 근거로 최근 2~3년 사이 지방분권일괄법, 간병보험법, 개정중소기업기본법, 개정도시계획법, 개정직업안정법, 개정노동기준법 등과 같은 많은 법률이 개정, 시행되었다. 또 국가와 도도부현(都道府県), 시정촌(市町村) 등의 지자체가 대등한 관계에 놓이면서 지자체의 자주재원 확보가 중대한 문제로 대두한 상황이다. 그 때문에 주민 및 시민, 지역토착기업, 대기업, 상공회의소, NPO 등이 함께 참여하는 새로운 지역경영이 요구되고 있다.(표 2)

이 시점에서 사회 문제를 바라보는 관점으로서, 생활영역의 범위를 파악할 것을 제안한다. 이 생활영역의 범위는 '얼굴이 보이는 관계'에서 결집하는 사람들의 활동 영역을 말하며, 문제의 본질에 따라 가정생활의

## 표 2. 새로운 지역경영

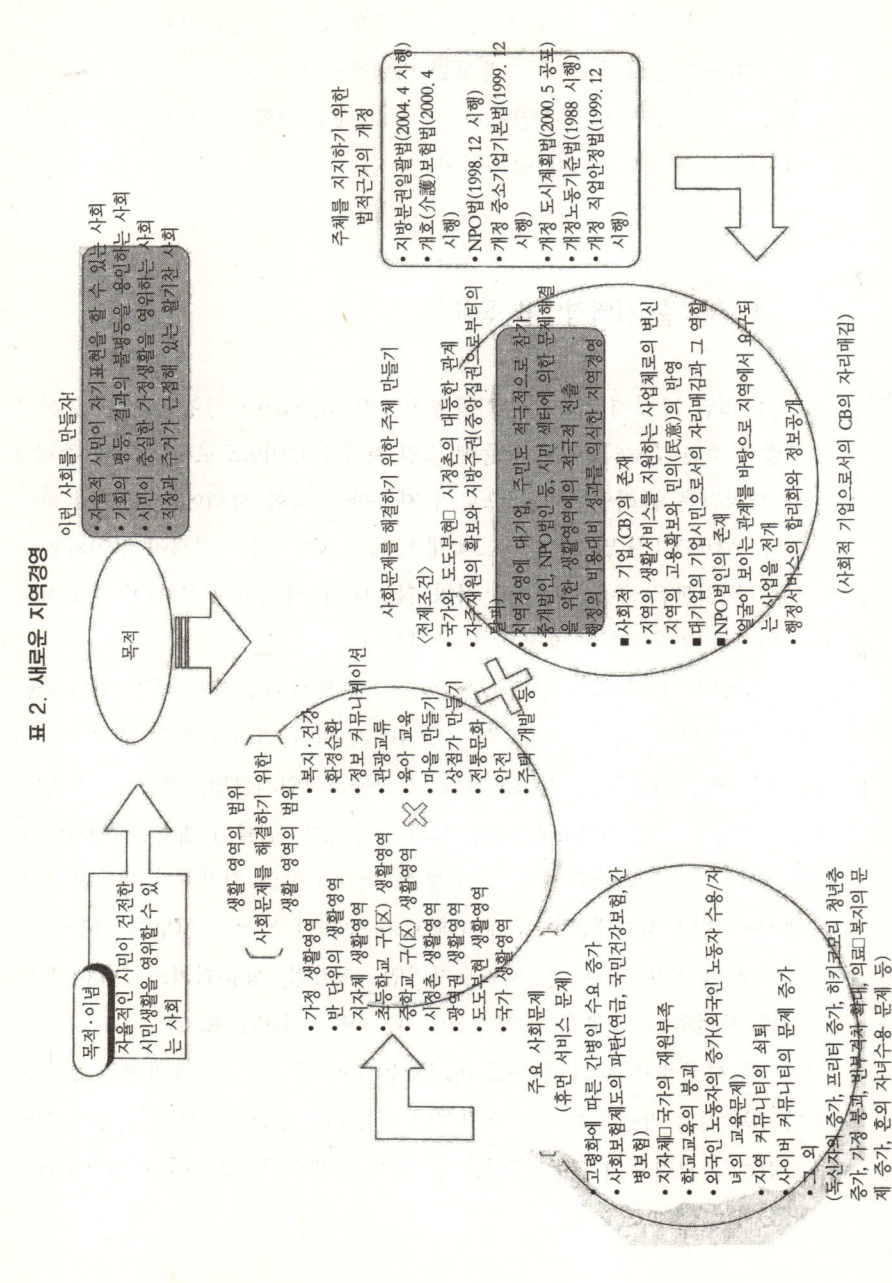

영역으로부터 초등학교 구역, 중학교 구역, 시정촌(市町村) 구역, 광역권, 국가 영역까지 광범위한 생활영역의 범위가 존재한다.

물론 지역마다 각기 이념과 목표가 존재하고, 이러한 목표하에 주민, 지역토착기업, 대기업, 상공회의소, 노동자와 NPO가 참여하여 지자체와 더불어 지역경영을 한다. 자율적인 주민·시민이 건전한 시민생활을 영위할 수 있는 사회를 만든다는 목적에는 우리가 제창하는 커뮤니티 비즈니스가 효과적일 것이라 생각한다. 영미에서는 이미 지역의 사회 문제를 해결하는 수단의 하나로서 커뮤니티 비즈니스가 큰 성과를 냈기 때문이다.

일본의 지자체도 새로운 지역경영 방법으로서 '자율적인 지역경제 만들기'가 요청되고 있다. 2000년 4월 지방분권일괄법이 시행된 결과 지방분권, 시민사회를 향한 법적인 정비가 진행되고 있다. 그리고 '자율적인 지역경제'를 만들기 위해서는 주민도 지역경영에 참여하는 커뮤니티 비즈니스라는 시점이 필요하다.

또 지역간 경쟁이 심화됨에 따라, 지방자치단체장의 지역경영 능력이 문제가 되기 시작했다. 그 결과 자연히 행정 서비스의 비용 대비 성과를 따지게 되었다. 지역 경영을 하기 위해서는 지자체도 '30% 자치'에서 탈피하여 자율적인 재정 운영에 뛰어들어야 한다. 독자적인 재원 확보를 위하여 자주과세권, 자주기채권(自主起債權)을 고려하고, 주민이 창업하는 커뮤니티 비즈니스에 업무를 위탁함으로써 각 지자체의 몸집을 줄여나가야 한다. 행정의 정보 공개는 더욱 진전될 것이고, 발생주의[3]에 기초한 기업회계가 도입되어 지방자치단체장은 '투명한 지역경영'이라는 난제를 떠안게 될

---

[3] 기업 회계의 기본 원칙의 하나. 자산·부채·자본의 증감이나 수익과 비용의 기록을 그 발생 사실에 따라서 행하며, 특히 수익과 비용은 발생한 연도에 할당되도록 처리하는 회계 방식이다.

것이다. 주민·시민은 메일링 리스트를 통해서, 혹은 '발에 의한 직접투표[4]로, 즉각 반응할 수 있는 시대가 된 것이다.

또 커뮤니티 비즈니스는 전술한 바와 같이, 중학교 구(区) 정도의 자치조직이 자주재원(自主財源)을 확보하고 재고용의 장(場)을 창출하는 방향으로 전개하는 것이 바람직하다. 그리고 획득한 자주재원으로 자신들에게 맞는 지역 경영을 지자체와는 다른 각도에서 실시하는 것이 이상적이다. 여기서 주민들이 직접 비즈니스를 통해 지역경영에 참여하는 자세가 중요하다. 또한 주거지 주변에서 재고용의 장이 열림으로써 좀더 인간적인 업무방식과 생활방식이 가능해지는 것이다.

커뮤니티 비즈니스가 행정 서비스를 담당할 가능성은 커질 것이다. 저출산·고령화 사회가 진전됨에 따라, 향후 간병 서비스나 급식 서비스 등의 복지에 대한 수요가 크게 신장할 것으로 기대된다. 또, 경비 서비스나 재활용 서비스 등도 주민 주변의 생활 서비스로 성장할 수 있을 것으로 기대된다.

## 5. 중간지원기관(intermediary)은 지역경영의 토대

나는 '커뮤니티 비즈니스 네트워크'라는 시민단체에서 창업 상담을 담당해왔다. 커뮤니티 비즈니스를 지원하는 중간 지원기관으로 영국에는

---

[4] 발에 의한 투표란, 티보의 가설로써, 주민은 자신의 선호를 만족시켜주는 자치단체, 즉 자신들이 원하는 공공서비스재가 있는 지방에 살기를 바라며, 그렇지 않은 자치단체로부터는 옮겨감으로써 의사를 표명하는 것을 말한다. 주민의 선호를 만족시키는 지방에는 점점 주민이 이주하는 한편, 주민이 불만을 가지는 지방은 주민이 전출함으로써 쇠퇴한다.

표 3. 인큐베이션 오피스에서의 커뮤니티 비즈니스 지원 사항

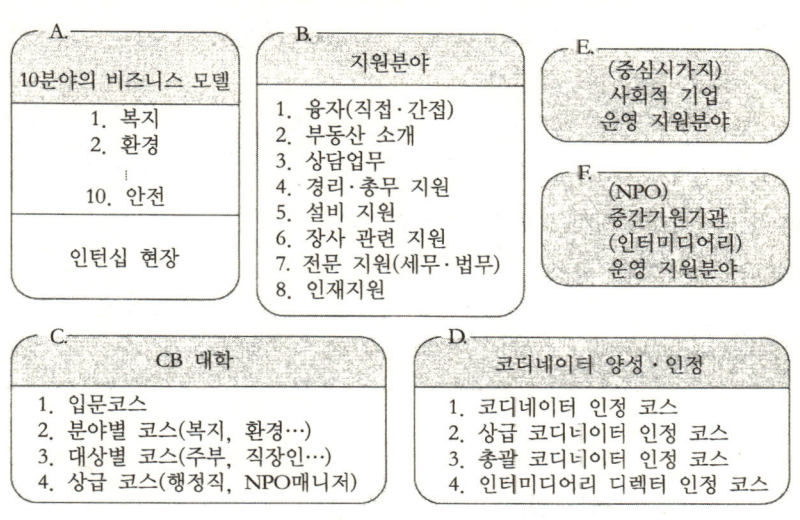

'인터미디어리'가 있다.

  내가 이사장을 맡고 있는 '커뮤니티 비즈니스 네트워크'는 1997년부터 스미다구(墨田区)를 무대로 중간지원 활동의 사회개발을 시도해 왔다. 〈표 3〉은 4년에 걸쳐 현장에서 실시한 커뮤니티 비즈니스 지원 결과를 집대성한 지원사항의 전개모델이다. 인턴십, 업무 지원 프로그램, 인재육성 강좌, 코디네이터 육성 코스 설치 등과 같은 세세한 지원사항을 토대로 커뮤니티 비즈니스가 성장할 수 있었다고 생각한다.

  우리는 민간 시민단체로서 중간지원 활동을 해 왔다. 앞으로 지자체가 직접 중간지원 기관을 지역에 설치하여, 커뮤니티 비즈니스를 육성하는 것이 중요한 시책이 되리라 생각한다. 지역의 역량이 비교적 큰 곳은 민간이 주체가 되는 NPO나 유한회사에서 중간지원 기관을 운영하고, 그렇지

않은 보통 지역은 지자체가 직접 운영한다. 때로는 주민, 상공업자, NPO, 대학, 대기업, 지자체로 구성된 합동 벤처에서 중간지원기관을 운영하는 것도 좋은 방법이라 생각한다.

중간지원기관은 지역의 토대로서 고용개발 훈련, 창업 상담, 지역의 수요와 인적자원의 연결, 자금의 중개, 일자리 중개, 지자체와 기업 사이의 조정 등과 같이, 지역 커뮤니티를 기반으로 한 '얼굴이 보이는' 관계 속에서 NPO적인 사업을 추진할 것이다. 따라서 유휴(遊休)시설과 상점가의 빈 점포를 활용하여, 지역의 비즈니스 양성 사무소 역할을 할 중간지원 기관을 설치할 필요가 있다.

## 6. 21세기 지역경영의 관점

### (1) 주민 주체의 커뮤니티에 비즈니스적인 관점을

내가 커뮤니티의 중요성을 인식한 것은 10년 전쯤이었고, 그때부터 구미(歐美)의 이너시티(inner city) 문제 연구에 착수했다. 그 과정에서 주민이 비즈니스를 도입하여 커뮤니티를 재생하는 방법에 착안하여, 1994년경부터 '커뮤니티 비즈니스'라는 단어를 사용해왔다.

동시에 도쿄 스미다구(墨田区)를 중심으로 도심과 교외 커뮤니티에서 현지조사를 하면서 구미(歐美)의 사례 수집에도 힘썼다. 또 다마(多摩)대학 휴먼 르네상스 연구소와 함께 직장인 대상의 공개강좌를 개최하는 등, 커뮤니티 비즈니스를 알리고 보급시키기 위한 활동을 계속해왔다.

상징적인 예로, 95년 1월의 한신-아와지 대진재(阪神・淡路大震災)[5] 이후 지역 커뮤니티를 재생시키기 위해 일찍이 커뮤니티 비즈니스의 중요성에 주목한 효고현(兵庫県)의 사례가 있다. 나도 정보 제공을 하는 등 효고현에 협력했고 1999년 4월에는 현(県)의 시책으로 커뮤니티 비즈니스 지원사업을 신설하여, 창업 지원의 수단으로 커뮤니티 비즈니스를 대상으로 하는 융자 제도가 생겼다.

### (2) 경쟁과 상호부조의 공존

지금은 지역도, 경제도 글로벌 경쟁을 하는 시대로, 이를 피할 수는 없다. 지금까지 일본사회에서는 지역사회의 일은 대부분 정부에 맡겨왔다. 또 경제는 대기업이 담당해왔다. 그러나 앞으로는 글로벌 경쟁 속에서 기업이 어려워지게 된다. 또 정부의 재정 적자는 점점 심각해질 것이다. 이런 시점에서 지역의 일을 행정과 기업에 맡기기만 할 것이 아니라, '얼굴이 보이는' 관계 속에서 주민 간의 상호부조 시스템을 어떻게 만들어나가는지가 매우 중요해진다. 그때 기반이 되는 것이 바로 커뮤니티인 것이다.

대대적인 경쟁과 상호부조가 공존하는 지역사회를 어떻게 만들 것인가? 이미 구미 사회는, 수십 년에 걸쳐서 이 문제에 대한 시행착오를 거듭해왔다. 영국은 대처 수상의 대담한 구조 조정과, 행정에서 민간으로 업무위탁이 이루어진 결과, 그럭저럭 영국병을 극복할 수 있었다. 영국에서도 일본과 마찬가지로 정부에 대한 의존심이 높았지만, 정부의 시책이 너무 취약했기 때문에 주민들이 직접 주체가 되어 지역경영의 관점에서 커뮤니티 비즈니스의 틀을 만들었다. 이는 미국도 마찬가지다.

이와 같이 구미 사회에서는 커뮤니티가 중요한 기반이 되고 있다.

---

[5] [역주] 한국에서 말하는 고베대지진

일본도 커뮤니티를 중시하는 가치관과 시책으로 바뀌지 않으면 진정한 의미의 민주주의나 분권화는 실현될 수 없을 것이다.

극단적으로 말하면 일본사회는 전후 50여 년 동안 커뮤니티를 파괴시켜 왔기 때문에 이를 재생시킬 필요가 있다. 그러나 커뮤니티 재생에 있어서 단지 과거로 회귀하는 것이 아닌, 현시대에 적합한 커뮤니티를 지향해야 한다. 그 해결책의 하나로 커뮤니티에 비즈니스적인 관점을 도입하여 주민이 주체가 되는 '문제 해결형 사업체'의 구축을 생각해 볼 수 있다. 그리고 IT를 어떻게 활용하는가가 또 하나의 해결책이 될 수 있다.

### (3) 지역의 역량 키우기

커뮤니티 비즈니스를 구체적으로 어떻게 전개시켜야 할 것인가? 나는 커뮤니티의 크기는 중학교구(區)정도가 기본이 될 것으로 생각한다. 인구는 3,000~5,000명, 대도시에서는 1만 명 정도로 도보나 자전거로 이동할 수 있는 범위다. 지금까지 정부가 과도하게 떠맡아왔던 일들을 커뮤니티 안에서 지역 주민에게 맡긴다. 그 형태는 커뮤니티 비즈니스, 에코 머니,[6] NPO, 유상 봉사활동 등이 있다.

벤처사업과 커뮤니티 비즈니스는 명확히 구별할 필요가 있다. 벤처사업은 1,000개의 기업 중 2~3개의 기업만이 성공한다는 통설이 있을 정도로 성공률이 희박하다. 그에 비해, 커뮤니티 비즈니스는 지역과 밀착되어

---

[6] Eco money. 지역통화와 동의어. 국가가 발행하는 국가통화에 대하여, 지역주민이 발행하는 것을 지역통화라 한다. 지역의 상호부조를 촉진하기 위하여 한정된 지역 내에서 사용할 목적으로 만들어진 통화로, 이자가 붙지 않아 저축성이 없는 특징이 있다. LETS(지역가치교환제도)와 같이 신뢰관계가 바탕이 된 볼런티어 경제의 통화이다.

있는 형태의 비즈니스로 이해해야 할 것이다. 커뮤니티 비즈니스가 성공하고 있는 이유는 지역이 행정당국으로부터 업무를 위탁받아, 행정기관이 과도하게 떠맡아온 업무를 대신한 경우가 많기 때문이다. 지자체도 작은 정부를 지향하면서 비용 절감 효과를 얻는 등, 쌍방이 얻는 이점이 많다.

앞으로는 지역 간 경쟁이 격화될 것이다. 주민은 살기 좋은 지역을 선택할 것이고, 따라서 기업, 행정당국, 커뮤니티 비즈니스, NPO 등은 공존공영의 길을 모색하여 지역의 역량을 강화시키지 않으면 안 된다.

그러므로 앞으로의 행정은 주민에게 더 많은 역할을 맡기려는 자세가 필요하다. 전술했다시피, 2000년 4월에 지방분권일괄법이 시행되어 지방분권 시대가 열렸다. 이제까지의 행정조직은 종적인 관계였기 때문에 복지는 복지과가, 도로는 도로과가 각기 담당하는 등, 종합적으로 지역에 활력을 불어넣는 시책을 세우기 어려웠다. 앞으로 지자체는 주민, 기업, 커뮤니티 비즈니스, NPO와 함께 지역의 역량을 어떻게 키울 것인가 하는 지역경영의 시점을 가져야 한다.

다시 말하면, 앞으로는 중앙으로부터의 재정적 지원을 기대하고 있을 수만은 없게 된 것이다. 따라서 중학교구 단위의 자치조직이 단독의 사업예산으로 커뮤니티 비즈니스를 만들어서 지역을 경영해야 한다. 이미 이러한 사업을 전개하고 있는 노자와(野沢) 온천의 '노자와구미(野沢組)'는 연간 1억 엔에 가까운 사업예산을 세운다. 무로마치(室町)[7] 시대부터 이어온 노자와구미는 스키 시즌에는 인구 5,000명의 마을에서 약 100억 엔 상당의 커뮤니티 비즈니스 실적을 올린다.

---

[7] 1336년 일본의 아시카가 다카우지(足利尊氏)가 겐무정권(建武政権)을 쓰러뜨리고 정권을 잡은 때부터 1573년 아시카가막부(足利幕府)가 오다 노부나가(織田信長)에게 멸망될 때까지 약 240년간의 시대.

### (4) 영미의 경영 발상법을 배워라

일본에서 창업 성공률은 10%정도이지만, 영국 커뮤니티 비즈니스의 성공률은 30%대에 달하고 있다. 이는 개인의 리더십에 의존하는 일이 드물고, 시스템으로 운영하는 틀이 확립되어있기 때문이다. 총회나 이사회는 NPO적인 조직이 담당하고, 지역의 청소와 복지 등 실제 커뮤니티 비즈니스는 지역의 유한회사(자선사업 취급)가 담당하는 이중 구조로 되어있다. 관리자도 공모제(公募制)를 도입하여 뽑는 곳이 많다.

일본에서는 평면적 관점으로 사물을 보는 반면, 앵글로색슨 사회에서는 기본적으로 기능적인 단위를 조합하여 최적의 시스템을 구축하는 것 같다. 일본에 제안하고 싶은 바는, 적성에 따라 관리자와 노동자를 나누는 것이다. 특히 관리자는 공모제로 하되 임기를 제한하여 실적에 따라 이사회가 계약을 갱신하도록 해야 한다.

또 우리는 커뮤니티 비즈니스를 법인 자격으로 규정하지 않고 있기 때문에, NPO법인의 수익사업도 커뮤티니 비즈니스라고 부르고 있다. 이러한 의미에서도 커뮤니티 비즈니스와 NPO 등의 시민 섹터가 자율적 경제 행위자가 될 수 있도록, 개인이나 기업의 기부에 대해 세금 공제 등 세제상의 우대 정책을 펴고, 기부 문화를 확대시킬 필요가 있다.

### (5) 현실과 가상은 상호보완적으로

IT는 커뮤니티 비즈니스나 커뮤니티의 합의 형성에 어떤 영향을 끼칠 것인가? 앞서 이야기했듯이, 나는 현실의 커뮤니티와 가상 커뮤니티, 글로벌 비즈니스와 커뮤니티 비즈니스의 4개 영역을 조합한 지역사회상을 구상하고 있다(구체적으로는 제1장의 〈표 9〉를 참조).

IT 사회에 대하여 이야기할 때, 가상의 커뮤니티와 글로벌 비즈니스만 논의되는 경향이 있다. 그러나 압도적으로 많은 사람은 현실의 커뮤니티에서 생활하고 있다. 지역사회는 양쪽이 공존하는 사회라는 시점이 결여되면 안 된다. 또한 그 안에서 개인이 몇 가지 역할을 함께 맡아 선택지를 넓혀가는 것이 중요하다.

2000년도에 흥미로웠던 것은, 나가노현(長理県) ㅈ사(知事)선거에 당선된 다나카 야스오(田中康夫) 씨가 선거운동 수단으로 우편물 발송 명부를 활용했다는 점이다. 현실의 커뮤니티를 기반으로 하여, 가상 커뮤니티가 효과적으로 기능한 좋은 사례라 할 수 있다. 커뮤니티를 기반으로 현실과 가상을 동시에 나란히 작용시키면서 커뮤니티의 합의를 형성하여, 선거전을 성공시킨 일본 최초의 사례가 아닐까. 이것이 가능했던 배경으로서 나가노현의 지역 규모도 한몫했다.

실리콘밸리도 마찬가지다. 실리콘밸리는 IT를 구사한 가상 커뮤니티로 유명하지만, 기업과 시민을 중심으로 산(産)·학(學)·관(官)·민(民)의 실제 커뮤니티가 존재했기 때문에, IT가 집적(集積)된 선진형 비즈니스 커뮤니티로서 성공했다고 할 수 있을 것이다.

또 하나의 예를 들어보자. 다마(多摩) 뉴타운의 NPO FUSION나가이케(長池)(구체적으로는 제5장의 실천사례 참조)의 리더 중 한 사람은 "앞으로는 중학교구 단위가 커뮤니티 서버를 갖는 시대다"라고 말한다. 아직도 많은 사람이 교외에서 도심으로 통근하고 있다. 시간의 구속 때문에 지역에 관심이 있어도 지역활동에 기여할 수 없는 것이 현실이다. 커뮤니티 서버로 메일링리스트를 만들면, 직장과 거주지가 다소 떨어져 있어도 언제 어디서든 지역의 서버에 자유롭게 접속하여 지역사회에 참여할 수 있다. 이러한 틀도 앞으로의 지역경영에 필요한 것이 아닐까.

내가 만약 총리라면 전국에 무료 커뮤니티 서버를 구축하여, 자유롭게 사용토록 할 것이다. 그렇게 하지 않으면 진정한 의미의 IT도 탄생할 수 없을 것이다.

에도(江戶) 시대[8]에는 모든 일을 상부에 맡기지 않고 지역 문제를 마을 주민이 자주적으로 처리하는 '노자와구미'와 같은 NPO적인 조직이 있었다. 물론 지금 다시 그 시대로 돌아가는 것은 아니다. 다만 앞으로는 새로운 테크놀로지를 이용하여 IT사회에 부합하는 커뮤니티의 합의 형성의 틀을 만드는 것이 중요하다는 것이다.

**(6) 직장과 주거지가 근접한 형태의 생활 비즈니스로 쾌적한 삶을 실현**

앞으로 펼쳐질 시대의 키워드는 '인간이 일하기 쉽고, 살기 편한 사회나 커뮤니티를 어떻게 만들까'다. IT가 이토록 발전하고 있는데도 불구하고, 하루에 몇 시간씩을 통근에 소비하느라 보낸다면 결코 쾌적한 삶이라 할 수 없다. 앞으로는 직주일체(職主一体), 혹은 직장 주변에서 삶을 어떻게 꾸려나갈 수 있는지가 최대의 테마가 될 것이다. 한때, 위성 오피스(satellite office)[9]과 같은 구상이 있었지만 그것은 공급(기업)측의 발상이었다. 그러나 앞으로는 커뮤니티 서버를 도입하여 지역의 합의 형성을 이끌어 낼 수 있는 커뮤니티 오피스를 만드는 등, 수요측(노동자)의 발상도 필요하다고 생각한다.

'활력 있는 지역'을 목표로 지역의 역량을 키우기 위해서는 각 지역이

---

[8] 도쿠가와 이에야스(德川家康)가 세이이 다이쇼군(征夷大将軍)에 임명되어 막부(幕府)를 개설한 1603년부터 15대 쇼군(将軍) 요시노부(慶喜)가 정권을 조정에 반환한 1867년까지의 봉건시대.

[9] [역주] 중앙오피스와 상대되는 개념으로, 원격 근무지의 한 형태

주제를 설정하는 것도 중요하다. 이를 위해서 지역주민이 참여할 수 있는 다양한 워크숍이 효과적일 것이다. 여기서 지역의 구체적인 목표를 논의하면 '지역의 주제 만들기'의 방향성도 보일 것이다. 이제까지는 세대가 다른 주민들은 같은 테이블에서 이야기할 수 없다는 암묵적 전제가 지배적이어서 생활문화의 전승을 막고 지역의 관계를 약화시켰다. 하지만 세대가 달라도 공통의 과제를 논의할 수 있다. 또 오프라인에서 워크숍을 통해 이야기하고 그 결과를 홈페이지에서 공유하여, 커뮤니티 서버를 통해 주민이 폭넓은 의견교환을 할 수 있다.

이러한 운동을 진전시키기 위해서는 효과적인 퍼실리테이터(facilitator)나 지역 프로듀서가 필요하다. 일본의 경우, 지역 프로듀서는 지자체가 떠맡아 왔었다. 하지만 현직에 있는 사람보다 은퇴한 행정직원이 맡는 편이 바람직하다. 이이다시(飯田市) 가미히사카타(上久堅) 지구가 대표적 예이다. 13개 취락의 지역주민이 남녀노소를 불문하고 참여하여 학습형 마을 만들기 활동을 전개하고 있는데, 이전에 시에서 근무했던 직원이 이를 담당하고 있다.

지역의 역량을 키우면 자산가치도 높아지고 환경도 살기 좋게 정비된다. 지역 역량은 내부로부터 향상시킬 수 있다. 그러한 지역을 어떻게 만드느냐가 시발점이 될 것이다. 또한 그러한 사실을 지자치가 주민에게 어떻게 인식시키느냐가 주요 포인트가 될 것이다.

어떤 의미에서는 글로벌도, 로컬도 실로 뫼비우스의 띠처럼 같은 지평선 상에 있다. 양자의 관점을 동시에 갖는 것이 21세기의 특징인 것이다. 지금까지 일본사회에는 그다지 유동성이 없었지만, 최근 들어 커뮤니티 비즈니스라는 마그마가 지하에서 태동하기 시작했다. 이런 관점에서 보면 21세기 초두의 일본사회는 결코 어둡지 않다.

## 제5장

커뮤니티 비즈니스의 실천사례

# 물레방아 소바 가게(水車蕎麦の店) 모리 소바집(森のそば屋)

> **커뮤니티 비즈니스의 개요**
>
> 주소: 이와테현 이와테군 구즈마키마치 (岩手県 岩手郡 葛巻町)
> 사업내용: 음식점(소바 가게 운영)
> 개점: 1992년 11월
> 운영조직: 고케로(高家領) 어머니회(임의단체)
> 운영인원: 고케(高家) 부부 및 상기 회에 소속된 17명
> 매상: 2,900만 엔
> 내점객(來店客): 연간 약 2만 명

## 1. 커뮤니티 비즈니스의 내용

물레방아 소바 가게인 '모리 소바집'(水車蕎麦の店)은 이와테현 이와테군 구즈마키마치(岩手県 岩手郡 葛巻町) 지구의 고케로(高家領) 마을에서 운영하고 있다. 마을의 물레방아를 이용하여 지역 토산물인 소바[1]를 만들고, 마을 어머니들 사이에서 대대로 이어내려 온 '소바 면(麵) 뽑는 기술'을 이용해 면을 뽑아 손님에게 제공하는 식으로, 그야말로 지역 커뮤니티 내의 자원을 충분히 활용하여 운영하고 있는 소바 가게다.

처음에는 이 소바 가게로 시작했지만, 모리 소바집의 성공을 직접 목격한 지역주민들도 참여하기를 희망하게 되어, 현재는 새로운 농촌 레스

---

[1] [역주] 일본의 메밀국수

토랑과 산지직판(産地直販)코너를 병설한 소매점 '미치쿠사 역'(みち草の駅) 을 내기에 이르렀다.

## 2. 커뮤니티 비즈니스 창업까지의 경위

이와테현의 구즈마키마치는 기타카미 산지(北上山地)의 북측에 위치하는 표고 500m 정도의, 산 사이에 위치한 농업중심 마을이다. 고케로 마을이 있는 에가리가와(江刈川) 지구는 마을의 중심부로부터도 몇 km 떨어져 있고, 여름에 부는 산바람의 영향으로 논으로 사용하기에는 적합하지 않은 경지가 많다. 따라서 소바(메밀)와 같은 잡곡이나 야채 등을 주로 생산하는, 마을 안에서도 별로 눈에 띄지 않는 곳이었다.

고케로 마을에는 100여 년 전부터 마을이 소유하고 있는 '고케로 물레방아'라 불리는 물레방앗간이 있어서, 현재까지도 소바 가루나 쌀을 빻는 데 이용되고 있다. 또 이 마을의 어머니들은 대대로 손으로 소바 면을 뽑는 기술을 친족으로부터 전수받아왔다. 그들의 면 뽑는 기술은 백화점에 초대되어 시범을 보이는 이벤트를 개최할 정도였고, 일단 가게를 열면 손님이 줄줄이 줄을 서서 기다릴 정도로 솜씨가 좋았다.

이 마을에 사는 지자체 직원 고케 사다노리(高家 卓範), 쇼코(章子)부부는 마을의 부정적인 이미지를 떨치고 전통과 지혜를 활용하여 지역을 활성화할 방법을 연구했다. 처음에는 그 계기로 삼고자 마을의 모든 가구가 참여하는 '소바 이벤트'를 기획하고 기회가 있을 때마다 마을을 부흥시키고자 하는 열정을 보였다. 하지만 각 가정의 재정적인 사정 등을 배경으로 부정적인 의견이 많아, 실현시키기가 매우 힘들었다.

그래서 그들은 참여를 희망하는 어머니들을 모아서 이들의 손에 의한 소바집 개점을 목표로 했다. 우선 1992년에 '고케로 어머니회'를 발족하고, 직원으로 일할 어머니들을 모았다. 고케 부부가 사재를 털어서 낡은 민가를 개조하여 점포를 만들고, 식기와 집기를 확보하는 등 개점을 위한 준비를 진행시킨 결과, 여러 우여곡절을 걸쳐 같은 해 11월에 '모리 소바집'을 오픈할 수 있었다.

## 3. 커뮤니티 비즈니스의 실제

개점 당시에는 마을사람들 사이에 '이런 장소에 가게를 열어도 손님이 올 리 없다'는 부정적 입장이 지배적이었다. 하지만 막상 개점을 하고 보니 대성공이었다. 개점 2주간은 매일 100명이 넘는 손님이 올 정도였다.

현재는 30대부터 70대까지의 직원이 17명이 있으며, 매일 6명이 교대 근무로 일하고, 손님이 많은 주말에는 7, 8명으로 늘려 운영하고 있다. 그 결과 연간 내점 고객 2만 명, 매상 2,900만 엔으로, 적게나마 흑자를 내는 대성공을 이루었다. 이 성공을 목격한 후, 당초에는 난색을 표하던 주민들도 참여를 희망하게 되었고, 현재는 농촌레스토랑과 산지직판 코너를 병설한 소매점 '미치쿠사 역'을 새로 내기에 이르렀다.

'미치쿠사 역' 개점 당시에는, 라이벌이 생겨 손님을 빼앗기게 되는 것이 아닌가 하는 의구심을 가지는 사람도 있었지만, 결국엔 서로 시너지 효과가 생긴 것으로 판명되어 자매점(姉妹店)의 관계가 되었다.

## 4. 커뮤니티 비즈니스의 성과

'모리 소바집'의 최대 성과는 지역 내 자원을 충분히 활용하여, 지역 내부에서 경제 활동을 순환시키는, 새로운 '지역 비즈니스 모델'을 구축했다는 점이다.

이제까지 대부분의 농촌에서는 단순히 1차 농산물을 생산해, 그것을 도시에 발송하는 것과 같이 모노컬쳐적인 경제[2] 구조를 구축해 왔다. 하지만 이 '모리 소바집'과 같이 주민의 힘으로 원재료인 소바 가루를 빻아 면을 뽑고, 토산품의 식자재에 맞는 요리를 만들어 관광객에게 내놓는 틀을 구축하면, 지역의 부가가치가 높아진다. 뿐만 아니라, 지역에서 직접 판매하기 때문에 지역에 환원되는 자금의 액수의 비율도 높다. 이는 지역 내에서 자유롭게 쓸 수 있는 소득이 높아지는 것을 의미하고, 지역경제가 활성화되는 효과를 갖는다(표 1 참조).

뿐만 아니라, '모리 소바집'은 이 틀을 확대 재생산시켰다는 점에서 큰 성과를 올렸다고 할 수 있다. 흔히 관광지의 토산품 가게가 그러하듯, 그 지역 내에서 조달할 수 없는 원료나 상품은 외부에서 조달하는 경우가 많다. 그러나 '모리 소바집'에서는 원료를 최대한 커뮤니티 내에서 조달하려는 노력을 기울이고 있다. 소바 가게에서 가장 중요한 원료라 할 수 있는 소바의 예를 들어보자. 가게가 번창함에 따라, 필요한 소바의 양도 증가하여 대량의 소바를 조달해야 했다. '모리 소바집'은 인근 마을의 잡곡상에 의뢰를 하기도 했지만, 가능한 한 지역 내에서 조달하려 했다. 그래서 나온 대안이 '유휴지 활용'이다.

---

[2] [역주] 극히 소수의 1차산품의 생산에 특화(特化)되어 단일생산에 의하여 유지되는 경제

표 1. 지역순환경제구축에 의한 지역경제의 활성화

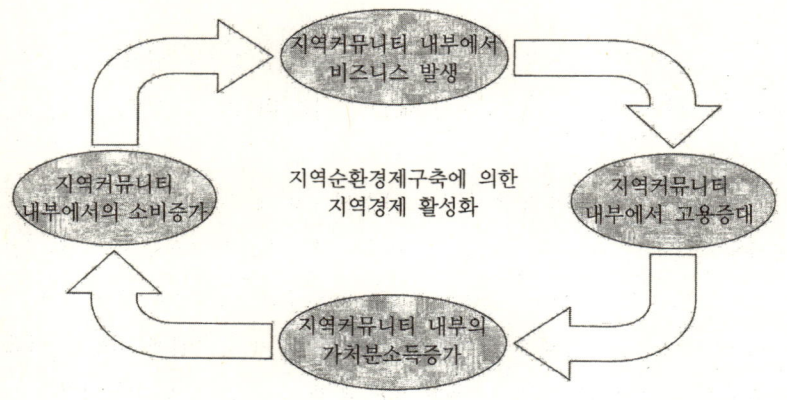

　　이는 유휴화한 밭을 아버지들에게 부탁하여 경작하고, 거기서 어머니들이 소바를 재배하는 것이다. 물론 이러한 노동에도 임금은 지불했다. 또한 어머니들만으로 인력이 부족할 때에는 지역의 노인정에도 작업을 의뢰했다. 그 결과, 소바의 70%를 지역 내에서 조달할 수가 있었고, 그 중 50~60%는 어머니들이 재배하기에 이르렀다.
　　이와 같이 지역에서 1차 토산품의 부가가치를 높이는 것에 그치지 않고, 이를 기폭제로 삼아 토지 활용도를 높이고 고용과 소득의 증가를 가져오는 등, 가치를 한층 더 창출해 내는 방향으로 지역을 이끌었다는 점에서도 '모리 소바집'이 제시한 틀은 매우 효과적인 비즈니스 모델이라 할 수 있다.
　　물론 '모리 소바집'은 경제적 효과만으로는 측정할 수 없는 성과도 거두었다. 앞서 노인정에 작업을 의뢰한 사례를 들었듯이, 사회적 약자로 취급받는, 즉 사회로부터 배제된 존재들을 참여시킨 것이다. 의욕은 있어도 사회에 참여할 수 없었던 이들에게 사회 참여의 기회를 제공하는 것은, 그들의 삶의 의욕을 고취시키고 존엄성을 회복시키는 것에 연결된다. 결과적으로 밝은 지역사회를 만들 수 있다고 생각한다. 이러한 사실에 비추어 볼 때, '모리 소바집'은 커뮤니티 비즈니스의 모범적 사례라 할 수 있을 것이다.

### 5. 커뮤니티 비즈니스의 성공요인과 향후 과제

'모리 소바집'의 성공요인으로 두 가지를 들 수 있다. 그것은 핵심인물인 고케 부부의 존재와 경영을 중시한 운영이다.

'모리 소바집'의 성공은 에가리가와(江刈川) 지구의 활성화를 제일 목표로 운영한 핵심인물인 고케 부부를 빼고서는 이야기할 수 없을 것이다. 우선, 자신이 사는 지역을 좋게 만들자는 생각으로 적극적으로 지역 커뮤니티에 뛰어들어, 이에 부정적이었던 아버지들을 설득하고 어머니들을 조직하여 가게를 개점시킨 행동력은 말할 것도 없다. 사재를 털어서 주택을 개조해 점포로 사용하고, 개점에 필요한 자금을 마련하는 등 모든 경영자원을 고케 부부가 제공했다. '모리 소바집'의 성공을 통한 고케로 마을의 번영은 고케 부부가 기반을 다졌다고 해도 과언이 아닐 것이다.

고케 부부는 그러한 경영 자원 제공에 그치지 않고, 정신적 지주로서의 역할도 해냈다. 개점 당시에는 모든 종업원이 여러 업무를 담당할 수 있을 것으로 생각했다. 하지만 익숙지 않은 업무에, 손님으로부터 불평이 들어오거나 요리를 내놓는 것이 늦어지는 등의 상황이 속출하자 '그만두고 싶다'는 어머니가 생겼다. 하지만 고케 부부가 그러한 상황에서 어머니들과 충분히 대화를 나누고 그들을 격려했다.

그리고 각각 자신 있는 분야에서 일할 수 있도록 역할분담을 하도록 했다. 그 결과, 어머니들이 자신의 장점을 살릴 수 있게 되었고, '직장에 나오는 것이 즐겁다'며 열심히 일하게 되었다. 이제는 '모리 소바집'을 방문하면 주방에서 어머니들의 즐거운 대화가 들려온다. 이와 같이, 물심양면으로 '모리 소바집'을 지지한 고케 부부의 존재야말로 가장 큰 성공요인이라 할 수 있다.

또 하나의 성공요인으로, 경영을 중시한 운영을 들 수 있다. 커뮤니티 비즈니스는 자칫 특정한 과제(고용 또는 문제해결)에 얽매여서 비즈니스로서 균형을 유지하지 못하기 쉽다. 이는 '공익성'이라는 관점에서는 높이 평가할 수 있지만, '계속성', '문제 해결력'과 같이 비즈니스의 가장 중요한 요소는 간과하는 것이다.

커뮤니티 비즈니스뿐만 아니라 많은 지역 커뮤니티의 문제 해결 과정에서 초기단계에는 정열과 의욕이 원동력이 되는 경우가 많다. 하지만 일시적인 정열은 지속되기 힘들다. 이는 동기를 유지시킬 수 있는 '장치'가 결여되어 있기 때문이라 생각한다. 우리가 지역 커뮤니티의 문제를 비즈니스 형태로 해결하려 하는 것은 바로 이러한 이유 때문이다. 이러한 문제에 대해 정면으로 대응하고 있다는 점에서 '모리 소바집'을 높이 평가할 수 있을 것이다.

'모리 소바집'에서는 우선 직원인 어머니들에게 하루 4,800엔의 임금을 지불하는 전제(이는 이와테 현의 최저임금에 해당하며, 적어도 어머니들에게 그 정도는 지불하고자 하는 고케 씨의 생각이 바탕이 되었다)로 했다. 그리고 식자재의 구입가격을 근거로 주요 상품인 '물레방아 소바'의 가격을 1,000엔으로 책정했다. 처음에는 '평소에 우리가 집에서 먹는 소바의 가격이 이렇게 높아도 되냐'며 걱정스런 목소리를 내는 어머니도 있었다. 하지만 결국에는 높은 질을 바탕으로 한 가격을 손님들도 수용했다. 덕분에 현재는 많지는 않지만 흑자를 낼 수가 있고, 이를 점포의 개수(改修)와 물레방앗간의 보수(補修) 비용으로 충당할 수가 있다.

앞에서 소개한 '미치쿠사 역'의 설립 배경을 살펴보자. '모리 소바집'에서 소매점까지 운영할 경우, 인건비가 증가하여 경영에 무리가 있을 것으로 판단되었다. 이러한 판단하에 사업 규모를 적절하게 조절하고 인건비를 얼마나 지불할 것인지 염두에 두고 경영한 것이 '모리 소바집'을 성공으로 이끈 또 하나의 요인이라 볼 수 있다.

앞으로의 과제로 어머니들의 자립 문제를 들 수 있다. 현재 직원은 앞에 소개한 '고케로 물레방아 어머니회'라는 임의단체에 소속되어 운영에 참여하고, 세금 신고는 대표자인 고케 씨의 친족이 하고 있다. 즉 개인사업자에 의해 고용되어있는 형태인 것이다. 고케 씨는 Z역 커뮤니티가 보다 활성화되기 위해서는 모두가 적극적으로 지역에 기여할 필요가 있다고 생각하여, 유한회사로 조직을 개편할 생각이다. 그러나 안타깝게도 자금 문제로, 조직개편에 참여하려는 어머니는 없는 실정이다.

분명 이제까지는 고케 부부가 전면적인 책임을 지고 어머니들의 요구를 뭐든 들어주는 상황이었다. 단순히 '즐겁게 일할 수 있고 돈도 벌 수 있으면 그만이다'라는 생각으로 참여한 어머니들이 많은 것도 그 이유라 할 수 있다. 그러나 그러한 환경의 배후에는 고케 부부의 노력이 있었고, 이러한 부담을 과도하게 고케 부부만이 짊어지게 되면 사업 자체가 지속될 수 없다는 위험성도 있다. 이러한 부담을 참여자 전부가 분담하고 사업을 운영해나가기 위해서는 어머니들의 자립이 필수적이다.

어머니들이 경영감각을 가지고 비즈니스에 참여하면, 고케 부부의 부담이 줄어들 뿐만 아니라, 적극적인 신상품 개발을 통한 수익향상을 기대할 수 있다. 이렇게 되면 지역 커뮤니티 안에서 제3, 제4의 '모리 소바집'이 생겨날 수 있을 것이라 기대한다. 앞으로는 어머니들을 중심으로 한 운영으로 전환하는 것만이 '모리 소바집'을 다음 단계로 끌어올리는 길이 될 것이다.

# 코코팜 와이너리(winery)(도치키현 아시카가시 栃木県足利市)

．．．．．．．．．．．．．．．．．．．．．．． 커뮤니티 비즈니스의 개요 ．．．．．．．．．．．．．．．．．．．．．

주소: 도치키현 아시카가시(栃木県 足利市)
사업내용: 와인 제조, 판매
자본금: 2,000만 엔
사원: 20명(그 중 정신지체인 10명)
회사설립: 1980년
연간 매상: 약 4억 엔

## 1. 커뮤니티 비즈니스의 내용

2000년 오키나와(沖縄) 정상회담 만찬회에서는 '코코팜 와이너리'[3]의 스파클링 와인이 건배용으로 제공되었다. 익숙지 않은 이름의 '코코팜 와이너리'는 도치키현(栃木県) 아시카가시(足利市) 교외에 있는 정신지체인 시설 '고코로미 학원'을 모체로 하여 태어난 유한회사이다.

아시카가시에서 북쪽으로 5km정도 떨어진 교외에 고코로미 학원과 코코팜 와이너리가 있다. 아시카가시 중심부로부터 차로 산골짜기를 따라 가면, 서서히 경사면에 있는 포도밭이 보인다. 고코로미 학원의 원생들과 직원들이 이 경사면에서 포도를 재배하고 있는 것이다. 골짜기를 따라 조금 더 들어가면 코코팜 와이너리 시설이 나타난다.

---

[3] [역주] 포도주를 만드는 양조장.

코코팜의 화이트 와인

코코팜 숍

코코팜 와이너리는 고코로미 학원에서 재배한 포도를 원료로 하여, 연간 약 15만 병 정도의 와인을 양조하는 작은 와이너리이다. 코코팜 와이너리는 유한회사이며, 그곳에서 일하는 직원의 반이 고코로미 학원을 졸업한 정신지체인이다.

코코팜 와이너리가 실려 있는 소책자에 재즈 연주자 사카타 아키라(坂田明) 씨가 서술한 '장애가 있는 사람들의 노동을 지역의 산업, 경제와 연계시켜 구체화시킨 고코로미 학원'이란 말이 코코팜 와이너리가 가진 커뮤니티 비즈니스적인 성격을 잘 대변하고 있다고 생각한다.

## 2. 창업까지의 경위

코코팜 와이너리에 대하여 이야기하기 전에, 그 모체가 된 고코로미 학원에 대하여 이야기할 필요가 있다. 고코로미 학원은 1958년 당시 특수학

급의 선생님이었던 가와다 노보루(川田昇) 원장과 특수학급 학생들이 3헥타르의 급경사면을 개간하여 포도밭으로 만든 데서 출발했다. 69년에는 성인 정신지체인들의 갱생시설인 '고코로미 학원'을 개설했고, 이후 서서히 시설을 확충하여, 2000년 현재는 원생 90명(연령 17~80세. 평균연령 47세), 직원 44명, 준직원이 7명에 달한다.

가와다 씨가 포도재배에 힘을 쏟은 것은 장애인의 자립과 훈련을 위한 것이었다. '단순 반복 작업이 많고, 급경사면이 있으면 오르내리면서 자연스레 다리와 허리가 단련되어 몸의 균형도 잘 잡을 수 있다'고 생각했기 때문이다(가와다 씨의 저서 『산의 학원은 와이너리』(山の学院はワイナリー)에서 발췌).

코코팜 와이너리는 1975년경부터 불황으로 인해 특수학급 학생들이 졸업 후 취직하기가 어렵다는 것을 깨달은 가와다 씨가, 고코로미 학원 졸업생이 자력으로 생활할 수 있도록 제안한 것이다. 당시 고코로미 학원에서는 포도를 재배하고 있었는데, 출하가격의 변동과 수익성 저하라는 문제가 있었다. 이를 해결하기 위해 포도의 부가가치를 높이기 위한 노력의 일환으로 양조용 포도를 재배하고, 이를 이용해서 와인을 제조하려고 했다. 하지만 사회복지법인은 양조면허를 취득할 수 없었기 때문에 그 취지에 찬성한 부모 20명이 출자하여 1980년에 유한회사 코코팜 와이너리를 설립했다. 1983년에는 양조 허가가 내려져 와인을 양조하기 시작했고, 1984년부터 와인을 판매하기 시작했다. 첫해에는 10톤의 포도로 12,000병의 와인을 양조하여 전부 다 팔았다고 한다. 이후 생산을 계속 늘려, 아시카가시의 포도밭에서 생산하는 양으로는 부족해졌다. 결국 86년에는 사노시(佐野市)에서 2헥타르의 포도밭을 개간했고, 현재는 미국 캘리포니아 주의 소노마(Sonoma)에도 5헥타르의 포도밭을 소유하고 있다.

### 3. 커뮤니티 비즈니스의 실제

코코팜 와이너리는 사회복지법인 '고코로미루 회(會)'와는 완전히 별개의 조직인 유한회사 형태를 띠고 있으며, 대표 1명과 관리직 3명을 두고 있다. 대표는 출자자 중 한 명이고, 가와다 씨의 친뜰인 이케우에 치에코(池上智惠子) 씨가 관리직으로 있다.

코코팜 와이너리는 포도를 따고, 양조하고, 출하하는 일련의 작업을 하고 있다. 양조공정은 양조기술자가 하고 있지만, 그 외의 공정은 정신지체인이 작업의 주축을 담당하고 있고, 그들의 노력이 좋은 와인을 만드는 데 기여하고 있다. 예를 들면, 스파클링 와인은 2개월 동안 발효 중인 병에서 침전물을 모으기 위하여 하루 45번 회전시키면서 조금씩 병을 세워나가는, 단조로우면서도 끈기가 필요한 작업(루뮤아주라는 방식으로, 손이 매우 많이 가므로 프랑스에서도 이러한 방식으로 생산하는 곳은 적다고 한다)이 필요하다. 하지만 원생들은 묵묵히 이 작업을 수행하며, 샴페인 방식에 의한 스파클링 와인을 제조하고 있다. 또 출하할 양조단계를 정하는 시음회에서 원생들이 와인을 마셔보고 더 마시고 싶어 할 때의 단계에서 양조를 멈추고 출하한다는 이야기도 있다.

매년 11월경에는 와이너리에서 성대한 수확제가 열린다. 유명한 재즈 연주자나 바이올리니스트들이 포도밭을 관객석으로 하여 연주를 하고, 포장마차도 차려져 만 명 이상의 사람이 모인다.

코코팜 와이너리의 생산량은 일본 와인 전체 생산량의 0.1% 정도라고 한다. 그러나 와인 잡지나 전문가는 코코팜 와이너리를 높게 평가하고 있다. 코코팜 와이너리가 제조하는 '다지마 611'(田島611, 참고로 이는 와이너리의 주소다)과 '제1악장'이 소믈리에[4]인 타자키 신야(田崎眞也) 씨와 젊은 소믈리에가 선정한 21세기에 남기고 싶은 일본 와인 중 '고슈(甲州)의 쌉쌀한

맛' 부문 및 '마스커트베리 A'부문에서 각각 2위로 선정되었다. 이렇게 소규모의 와이너리가 제조하는 와인이 대기업 와인 메이커나 전통 있는 와이너리와 견주어 높은 평가를 받은 대단한 쾌거다.

코코팜 와이너리의 와인이 높게 평가받을 수 있었던 것은 다음과 같은 요인이 있었기 때문이다. 우선 급경사를 활용한 포도재배, 급경사면에서의 노동을 마다하지 않는 원생들의 노력과 단순한 수작업을 특기로 하는 원생들의 재능, 그리고 미국에서 온 양조기술자의 기술과 일본 포도를 활용한 와인을 만들려는 그의 집념 등이 결합되어 거둔 쾌거다. 미국인 기술자인 브루스 커트러브 씨는 1989년, 당초 반년 예정으로 일본에 왔으나, 그 이래 10년 동안 코코팜 와이너리에서 양조에 빠져 있다. 그 근저에는 복지시설에서 만드는 것이라고 해서 적당히 만드는 것이 아닌, 더 좋은 와인을 만들려는 프로의식이 깔려 있다고 생각한다.

### 4. 커뮤니티 비즈니스의 성과

코코팜 와이너리를 소규모 와이너리의 성공 사례로 평가할 것인가, 또는 복지시설로서의 성공 사례로 평가할 것인가 하는 것은 어려운 문제이다. 아마 그 어느 쪽도 아닐 것이다. 다시 말해, 일면적인 평가를 내릴 수 없는 것이 커뮤니티 비즈니스의 특성일 것이다.

고코로미 학원에 대해서는 복지시설로 이야기하는 경우가 많으나, 여기서는 코코팜 와이너리를 커뮤니티 비즈니스라는 측면에서 평가해 보겠다.

---

[4] [역주] 포도주를 관리하고 추천하는 직업

커뮤니티 비즈니스로 볼 경우, 코코팜 와이너리는 아래와 같은 중요한 성과를 거두었다고 할 수 있다.

① 장애인의 삶의 보람 만들기, 사회참여와 고용의 기회 제공
② 지역경제에 공헌

우선 ①의 측면을 보면, 코코팜 와이너리는 직접적으로는 장애인 고용의 장이 되고 있다. 뿐만 아니라, 장애인이 일을 통하여 삶의 보람을 느낄 수 있도록 해주고 그 성과를 통해 사회에 참여하는 장이 되고 있다. 현지에 가보면 알 수 있겠지만, 자칫하면 사회에서 배제되기 쉬운 장애인이 여기서는 직장의 중심이 되고 있고, 각자에게 맞는 일을 하고 있다.

고코로미 학원의 원생들이 시설에서 마을로 쇼핑을 나가면 슈퍼마켓에 가서 전날 와인을 마셨는데도 코코팜 와이너리의 와인을 사 온다는 이야기는, 그들이 자신들이 만들어 낸 것에 대해 자부심과 기쁨을 느끼고 있다는 증거일 것이다. 현대 일본이 잃어가고 있는 생생한 즐거움과 일하는 기쁨을 코코팜 와이너리에서 일하는 장애인들은 느끼고 있다고 생각한다.

②의 측면을 보면, 코코팜 와이너리는 지역에 커다란 경제효과를 제공하고 있다. 우선 와인을 도시에 출하하여 판매함으로써 도시에서 지방으로 자금이 유입되고 지역 내 경제순환이 발생한다. 또한 연간 4억 엔의 매상과 직원 20명분의 고용창출 효과는 지방에서 작은 규모가 아니다. 또 법인세 및 주세의 납세액도 연간 액수가 꽤 커져, 지방세수에 공헌하고 있다고 할 수 있다. 하지만 이러한 경제효과는 코코팜 와이너리가 의도한 것이라기보다는 부차적 결과라 할 수 있다.

게다가 공적 보조금을 전혀 받지 않고 장애인 고용을 확보하고 자립을 촉진시키는 것은, 결과적으로 행정의 복지 부담비용 절감에 크게 공헌하고 있다 할 수 있다.

## 5. 커뮤니티 비즈니스의 성공요인과 향후 과제

### (1) 성공요인

코코팜 와이너리가 커뮤니티 비즈니스로 성공할 수 있었던 요인은 다음과 같다.

첫째, 프로의식이다. 코코팜 와이너리는 복지관련 시설이 벌이고 있는 활동의 부산물이라는 의식을 넘어, 프로의식을 가지고 있다. 자칫하면 복지시설이 시행하는 사업이기 때문에 별로 수준은 높지 않아도 좋다는 생각에 빠지기 쉽다. 하지만 그러한 의식을 버리고 와인제조에 있어서 일류를 지향하여, 시장에 받아들여질 만한 물건을 만들려 하고 있다. 이러한 프로의식은 와인의 질뿐만 아니라 코코팜 와이너리가 발행하는 인쇄물 디자인에서도 나타나고 있다. 일반적으로 이런 회사의 팜플렛 등 인쇄물은 내용에만 충실하여 디자인은 촌스러운 경우가 많다. 하지만 코코팜 와이너리는 디자인, 레이아웃, 사진, 색상 등에도 신경을 써서 세련된 인쇄물을 만들어 내었다.

둘째, 코코팜 와이너리에 흐르는 자주독립 정신이다. 가와다 씨는 고코로미 학원을 설립할 때, 공적인 보조금을 받지 않고 시설 정비를 했다. 전무인 이케우에(池上) 씨에 의하면, 코코팜 와이너리를 시작할 때 가와다 씨가 공적인 보조금을 받지 않고 사업을 추진하도록 못박았다고 한다. 이런 자주독립 정신이 성공요인의 하나인 것이다.

셋째, 부정적인 요소를 긍정적인 요소로 바꾸는 발상이다. 급경사면이라는 자연조건(어떤 의미에서는 부정적이지만, 포도재배에는 적합하다)과 정신지체인(장애를 가지고 있지만, 어떤 분야에서는 재능을 발휘할 수 있다)이라는 인적자원을 활용하여 포도를 재배하고, 와인을 양조하여 성과를 올리고

표 2. 비즈니스 모델

| 비영리법인-복지사업을 추진 (사회복지법인 고코로미루카이) | 영리법인 영리사업을 추진 (유한회사 코코팜 와이너리) |

있는 것이다. 말하자면 부정적 요소를 긍정적 요소로 바꾼 것이라 할 수 있다.

**(2) 향후 과제**

가. 유한회사라는 과제

고코로미 학원과 코코팜 와이너리의 관계는 커뮤니티 비즈니스의 비즈니스 모델로서 일반화시킬 수 있다고 생각한다. 즉 비영리법인인 사회복지법인 고코로미루 회(會)와 영리법인인 유한회사 코코팜 와이너리가 밀접한 관계를 가지고 복지와 비즈니스라는 활동을 추진하기 쉽게 만든다고 생각할 수 있다.

그러나 영리법인으로 독립함으로써 세제상 처리가 큰 문제점으로 떠오른다. 일반기업과 법인세율이 같기 때문에 이익의 내부유보가 힘들다. 반면, 결산을 할 때, 임시 상여금의 형태로 사원에게 이익을 배분할 수가 없었다. 세무당국으로부터 장애인에 대한 임시 상여금은 이익 은폐에 해당한다는 지적을 받았기 때문이다. 또 코코팜 와이너리에 기부하는 것은 사회복지법인에 대한 기부와는 달리, 세금공제가 안 된다는 문제점이 있다.

나. 여러 행정당국과의 관계

코코팜 와이너리는 행정의 대상이 되는 영역들 중 어느 하나에 속하지 않고 경계선상에 위치하기 때문에 여러 관청들과의 관계에서 알력이 생기고 있다. 전술한 세금 문제 외에 구(舊) 후생성(厚生省)[5]이 담당하는 영역에서도 장애인 복지와 연금행정과의 저촉이 일어난다. 뿐만 아니라 시설 입소자는 공무원에 준하여 아르바이트가 금지된다는 문제도 있다.

또한 구 노동성(勞動省)의 영역에서는 장애인의 노동형태가 노동기준법의 틀을 적용시킬 수 없다는 문제가 발생하고 있다. 정말로 이러지도 저러지도 못하고 있는 실정이다.

다. 사업의 연속성

와인에 대한 평가가 좋은 것을 보면 코코팜 와이너리의 사업이 순조로워 보인다. 하지만 경영에는 크게 여유가 없어서, 안정적으로 사업을 지속시키기 위해 어떤 노력을 해야 하는가 하는 과제가 남아있다. 이케우에 씨는 앞으로가 걱정이라고 말한다. 그러나 '걱정을 하고 있을 정도의 여유가 생겼다'는 그의 말을 들으면 이제까지의 성과에 만족하고 있는 듯했다.

마지막으로, 이 글을 읽은 분은 코코팜 와이너리에 가서 고코로미 학원의 원생들이 일하는 모습을 보고, 와인을 사서 마셔 주시기를 바란다. 그러면 코코팜 와이너리가 얼마나 훌륭한 곳인지 실감할 수 있을 것이다.

---

[5] [역주] 일본의 국민 위생, 건강, 복지 등등에 관련된 업무를 하는 정부부서

# 스미다 리버사이드 네트 (도쿄도 스미다구 東京都墨田区)

```
············· 커뮤니티 비즈니스의 개요 ·············
주소: 도쿄 스미다구 (墨田区)
사업내용: 프로바이더 업무, 홈페이지 제작(SOHO for Mothers), 컴퓨터 강연,
         '새로운 물건을 만드는 모임'
설립: 1996년 10월
사원: 15명
연간 매출: 2,500만 엔(2000년 7월 결산)
```

## 1. 스미다구(墨田区)의 타업종 교류와 네트워크 연구회 활동

스미다구는 1986년부터 구의 산업 시책으로서 타업종 교류를 지원하는 사업을 중소기업센터를 중심으로 추진했다. 이 사업은 구의 중소기업 경영자 10~20명을 모아서 하나의 조직을 만들어, 서로가 가지고 있는 경영자원을 활용해 새로운 분야에 진출하고 기업간의 융합을 통해 신규 사업을 만들어내도록 지원하기 위한 것이다. 매년 하나의 조직(첫해에만 2그룹)이 결성되어 이후 91년까지 7개의 조직과 1개의 연구회를 합쳐 총 8개의 조직이 생겼다.

그 후 그룹 간 정보교환을 위한 조직으로 '타업종교류 조직 연락회의'가 결성됐다(통칭 '타조연'). 1993년 '타조연'의 의장으로 취임한 스즈키 요시노보(鈴木良昇)(주식회사 스미다 덴자이샤(電材社) 사장, 현 SRN 이사직 겸무)의 제안으로, '타조연'은 94년도 사업으로 주제별 연구회를 설립하게 되었다. 이때 부의장이었던 나는 연구회 주제로 컴퓨터에 의한 스미다구 내의

기업간 네트워크 결성을 연구할 것을 제안했고, 이것이 받아들여졌다. '타조연' 회원 중 희망자를 모집하여 같은 해 12월부터 '네트워크 연구회'라는 이름으로 정식 활동을 시작했다.

　컴퓨터 기술의 급속한 발전은 네트워크연구회 회원 사이에서 새로운 위기감을 자아냈다. 상상을 뛰어넘는 빠른 속도의 정보화 물결에 뒤처지지 않을까 하는 불안이 있었던 것이다. 다른 구에 비해 스미다의 중소기업들은 비교적 소규모인 경우가 많다. 그러한 기업을 떠받치고 있는 것은 경영자와 그 가족이다. 정보화 물결에 대처하기 위한 공부의 필요성을 느끼고는 있지만, 좀처럼 틈이 나지 않는다. 날마다 업무에 쫓기다, 문득 정신을 차리고 나니 정보화 사회에서 뒤처져있는 상황이 발생할 수 있는 것이다.

　이러한 위기감이 네트워크연구회 활동의 원동력이 되었다. 위기의식을 공유하는 것에서 시작하여, 지역중소기업의 생존을 위해 필요한 정보화를 지원하기 위한 방향으로 활동하게 되었다. 이를 위해 필요한 기술의 핵심은 인터넷 관련기술이었다. 타업종 간 교류 경험을 살려, 서로 지식을 교환하면서 경영에 필요한 인터넷 관련기술을 공부해 나가기로 했다. 그리고 그 활동 과정에서 자원봉사 형태로 회원기업의 인터넷 접속을 지원하기로 했다.

　1996년 들어 네트워크 연구회에서는 전년도에 대한 반성을 바탕으로 견실한 기업을 만들어야 한다는 논의가 일고 있다. 인터넷 접속지원도 자원봉사로 하는 데는 한계가 있기 때문에, 제대로 된 사업으로 추진하는 것이 옳다는 의견이 많았다. 한편 타업종과의 교류 결과로 생겨난 회사는 통상의 영업활동 이외에, 지역에 공헌할 필요가 있다는 의견도 있었다. 이러한 상황에서 '스미다 리버사이드 네트'를 설립한 세 명의 핵심 회원인 다케무라(竹村), 고이즈미(小泉), 마치다(町田) 사이에서는 막연한 형태이긴 하지만, 꿈같은 이야기가 점점 구체적인 목표로 발전하게 되었다. 다음

3가지가 그 목표이다.
- 지역 중소기업의 정보화를 공유하는 회사 설립
- 자신들이 독자적인 서버를 세워서 거점화함.
- 정보선진국인 미국 시찰

1996년 당초에는 꿈과 같은 이야기였던 이러한 목표는, 결과적으로 그해에 전부 실현되었다.

### 2. 회사설립 검토와 미국 시찰 여행

회사 설립에 대해서는 여러 가지 의견이 있었다. 그 중 가장 어려운 것이 사업계획 작성이었다. 과연 채산성이 있을 것인가, 구체적으로 어떤 정보화 지원 사업을 해야 하나에 대한 이메일 상의 토론이 끊이지 않았다. 결국 일단 해 보지 않으면 알 수 없는 내용이었다. 다행히 멤버 전원이 본업을 가지고 있었다. 따라서 각각의 네트워크를 활용하면 저비용으로 고객을 획득할 수 있을 것이고, 사무실도 회원 중 누군가의 사무실을 겸용하면 된다. 즉 온라인 형태로 회사를 설립하면 저비용으로 운영할 수 있고, 인건비를 최대한 줄이면 채산성은 있을 것이라 생각했다.

그러나 무엇보다도 지역을 정보화의 물결에서 뒤쳐지게 할 수 없다는 사명감이 크게 작용했다. 지금 무언가 하지 않으면 우리가 사는 지역도 시대에 뒤처지게 되어, 공동화(空洞化)된 활기 없는 지역이 될 것이다. 그렇게 되면 다음 세대에는 지역 경쟁력이 완전히 떨어져서 지금 존재하는 커뮤니티조차 붕괴될 것이라는 생각이 든 것이다.

이러한 생각으로 네트워크연구회의 회원들로부터 자금을 모아 유한회사를 설립하게 되었다. 출자금은 한 구좌당 5만 엔으로 정하고, 2 구좌

이상으로 정했다. 3월부터 사전협의에 들어갔다. 5월에 네트워크 연구회 회원들에게 정식으로 제안했고, 제안에 동의한 9명의 회원으로부터 310만 엔의 출자를 획득할 수 있었다.

우리는 홈페이지 제작, 컴퓨터 도입 지원, 저가의 정보처리 시스템 구축 등의 업무를 수행하기로 했다. 그러나 회사를 설립할 때까지 처리해야 할 문제가 있었다. 지역 정보를 핵심으로 하여 인터넷상에서 서버가 기능할 수 있는가 하는 문제였다.

다행히 이 문제는 미국의 선진사례 연구를 통해 해결할 수 있었다. 인터넷으로 조사를 한 결과, 미국 동부의 블랙스버그(Blacksburg)라는 마을에서는 마을 전체가 인터넷을 이용해 커뮤니케이션을 활성화하고 있다는 것을 알 수 있었다. 우리는 이 마을을 포함하여, 시찰여행을 떠나기로 했다.

우리는 이 시찰을 통해 타업종 교류의 결과 설립된, 정보지원을 목적으로 한 회사의 의의와 지역에 공헌하는 법, 서버 활용방법 등을 배울 수 있었다. 그 결과, 단순히 채산성과 경제성을 뛰어넘는 목적의식이 생겨서 반드시 회사를 설립하자는 의욕이 생긴 것은 말할 것도 없다. 차차 지역에 도움이 되는 회사를 만들기 위한 방향성이 보이기 시작했다.

회사설립 후의 구체적 업무 방향성에 대해서는 다음과 같은 구상을 했다.

- 독자적인 서버를 가지고 지역 정보를 발신한다.
- 지역 내 중소기업의 정보화 지원을 위하여, 중소기업에 적합한 소규모 시스템 구축과 컴퓨터 도입을 돕는다.
- 정보화 기술 교육을 한다.
- 지역 자원봉사로 어린이들을 교육하고, 지역주민의 정보지식 습득을 지원한다.

• 참여 회사들이 제공할 수 있는 물품을 가능한 한 저렴하게 판매한다.

상기 사항을 정관(定款)에 포함시킨 후, 드디어 '유한회사 스미다 리버사이드 네트'란 이름으로 회사를 설립하게 되었다.

## 3. '협창'(協創)과 '유한회사 스미다 리버사이드 네트'의 활동

### (1) 스미다 리버사이드 네트의 이념

회사를 설립할 당시, 우리는 회사의 이념으로 '협창'(協創)이라는 개념을 제시했다. 이는 '경쟁'에 대비되는 개념으로[6] 지역 커뮤니티에 중점을 둔 사업은 그에 맞는 '격'이 있어야 한다는 이상을 표현한 것이다. '경쟁'은 분명 경제원리로서는 탁월한 것이지만, 이점만이 있는 것은 아니다. 경쟁의 결과로 인해 반드시 승자와 패가가 나뉜다. 특히, 최근에는 경쟁의 결과를 승자만이 독식하는 경향이 생기고, 승자는 하나인데 반해 다수의 패자가 생기는 상황이 속출하는 부정적 측면이 있다.

그러나 지역에 근거하여 커뮤니티 발전에 기여하는 것을 목표로 하는 비즈니스는 경쟁에 의해 다수의 패자를 만들어 내어, 지역 커뮤니티를 파괴하는 행위를 해서는 안 된다. 오히려 서로 '협력'하여 새로운 가치를 '창출'하여 그 커뮤니티 안에서 '1+1=3'이 되도록 활동해야 한다고 생각했다.

우리가 만든 조어인 '협창'(協創)이 대경쟁 시대에 대안을 제시하는 단어가 되고 있다는 사실에 자부심을 느끼고 있다. 또, '스미다 리버사이

---

[6] 협창(協創)과 경쟁(競爭)은 둘 다, 일어의 한자어 발음으로 하면 '쿄소'가 된다.

표 3. 회사설립 후, 스미다 리버사이트 네트의 행적

| | | |
|---|---|---|
| 1996년 | 10월 | SRN 설립등기 완료, 정보화 지원 업무 개시 |
| | 11월 | 테크노 페어에서 인터넷 시범, 네트연구회 주최로 미국 조사 |
| | 12월 | CBN과의 공동연구 개시 |
| 1997년 | 3월 | 프로바이더 업무 개시 |
| | 7월 | 제1기 결산(매출 400만 엔, 수익 7만 엔) |
| | 9월 | 지역의 니트업계 박람회 지원 |
| | 11월 | 네트연구회 주최 제2회 미국 조사 |
| | 12월 | 네트워크 살롱 구상 착수 |
| 1998년 | 4월 | 네트워크 살롱 오픈(CBN과 공동으로) |
| | 5월 | SOHO for Mothers 프로그램 개시 |
| | 7월 | 증자를 위한 수속 완료, 출자자 15명으로 증가. 제2기 결산(매출 800만 엔, 수익 270만 엔/살롱 오픈을 위한 설비투자가 있었기 때문에) |
| 1999년 | 7월 | 제3기 결산(매출1,100만 엔, 수익 40만 엔) |
| | 8월 | '새로운 물건을 만드는 모임' 발족 |
| | 11월 | 오부세(小布施) 마을 사람들과 교류 |
| 2000년 | 2월 | '새로운 물건을 만들기 모임' 발표 |
| | 3월 | 스미다 머니 실험 |
| | 7월 | 제4기 결산(매출 2,500만 엔, 수익 16만 엔) |

드 네트'의 회사명과 심볼마크는 스미다 구와 스미다 강(隅田川)을 상징하고 있고, '스미다에서 세계로 발신하는 네트워크'라는 의미를 내포하고 있다.

(2) '스미다 리버사이드 네트'의 행적

회사 설립 후, 스미다 리버사이드 네트는 〈표 3〉과 같은 행적을 남겼다. 그 중, 1996년 12월에 커뮤니티 비즈니스 네트워크(CBN)와 공동연구를 시작했다는 항목이 있는데, 이는 정식으로 제휴하여 연구를 개시한 시점으로, 실제 교류는 네트워크연구회 발족 직후인 94년부터 시작되었다는 점을 밝혀두고 싶다. 커뮤니티 비즈니스 네트워크와의 교류는 우리의 활동에서 지역의 관점이 중요하다는 것을 인식하는 중요한 계기가 되었다. 또 97년 3월에 프로바이더 업무를 시작할 수 있었던 것은 주식회사 '신유 컨설팅'의 사장이자 스미다 리버사이드 네트 설립 중심 회원 중 하나인 마치다 마사테루(町田正照) 전무이사의 노력 덕분이었다.

### (3) '스미다 리버사이드 네트'의 활동

'스미다 리버사이드 네트'는 목적달성을 위해 다음과 같은 활동을 펼치고 있다.

#### 가. 프로바이더 업무

현재 '프로바이더'라는 단어는 설명할 필요가 없을 정도로 일반화되어 있지만, 스미다 리버사이드 네트의 설립 당시에는 일반적으로 사용하는 단어는 아니었다. 설립 당시에는 경비 면에서도, 프로바이더로 접속환경을 제공하는 것은 어려울 것이라 생각했다. 하지만 견적을 뽑아보니 실행 가능한 수준이었다. 그리고 지역정보 발신의 중추 역할을 해내기 위해서는 '인터넷 접속 창구' 역할을 하는 서비스를 저렴하게 제공하는 것이 중요하다고 생각한 결과, 1997년 3월부터 프로바이더로서의 업무를 개시하기에 이르렀다.

가능한 한 경비를 줄이고 인터넷상에서 빈번히 발생하는 문제를 방지하기 위하여, 광고매체를 사용한 선전은 일절 하지 않았다. 사원과 그들의 인적 네트워크를 통한 소개만으로 고객을 모으고 있다. 최근에 들어서야 수지가 맞을 정도의 접속자 수를 확보할 수 있게 되었다.

나. SOHO for Mothers(SFM)

일단 업무를 시작하고 보니 실제 업무를 수행할 인재를 확보해야 한다는 골치 아픈 문제가 남아있었다. 스미다 리버사이드 네트에 출자한 사원은 모두 본업이 있었기 때문이다. 여기서 떠오른 대안이 지역의 주부들을 활용하자는 것이었다. 원래 워드 작업 등은 지역의 주부들에게 부탁하고 있었다. 이를 홈페이지를 제작하는 데 적용하여, 기술 교육부터 업무 실행까지 일련의 흐름으로 시스템화한 것이 SFM 프로그램이다(서장 참조).

현재는 약 40명의 여성을 교육하여 그 중 10여 명이 실제 활동에 참여하고 있다. 이제 이들은 스미다 리버사이드 네트의 활동 주역이 되었고, 뒤에 소개할 '새로운 물건을 만드는 모임'에서도 주축이 되어 활약하고 있다.

다. '새로운 물건을 만드는 모임'

SFM에서 구축된 여성들의 네트워크를 지역산업 활성화에 활용하자는 취지로 결성된 것이 '새로운 물건을 만드는 모임'이다. 이 모임에서는 스미다 리버사이드 네트의 멤버와 SFM의 여성들, 커뮤니티 비즈니스 네트워크의 멤버 및 지역의 생산자와 전통공예 장인들이 활동하고 있으며, 다음과 같은 목표를 지향하고 있다.

- 스미다 만의 물건을 만들고자 하는 움직임을 창출과 지역 커뮤니티 내 소규모 비즈니스를 육성을 목적으로 한다.
  → 지역을 활성화시키기!
- 전통공예 장인이나 전통적인 지역산업과 SFM의 여성들을 주 회원으로 하여, 소비자의 입장에 서서 독창성 있는 물건을 개발한다.
- 동시에 여성과 지역 주민들이 위와 같은 활동을 근간으로 하여 창업을 시도할 수 있는 틀을 만든다.

표 4. 새로운 물건을 만드는 모임

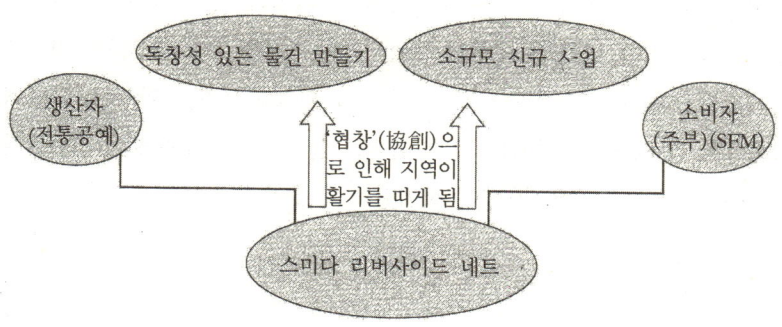

〈표 4〉는 '새로운 물건을 만드는 모임'의 구상을 도표화한 것이다. 스미다 리버사이드 네트가 장소를 제공하고 지역 생산자와 소비자를 연결시켜, 지금까지 지역에서 찾아 볼 수 없었던 새로운 산업을 일으키자는 구상을 하고 있다. 이 모임에서는 현재, 소취섬유(消臭纖維)를 활용한 새로운 상품 개발을 진행하고 있다. 향후 과제로 어떻게 위험분담과 이익의 배분을 할 것인가 하는 것이 가장 큰 문제가 될 것이다.

## 결론

스미다 리버사이드 네트는 지금까지 서술한 바와 같이 '협창'(協創)을 통해 지역을 활성화하자는 취지로 설립된 회사이다. 아직은 그 취지를 충분히 살리지 못하고 있다. 하지만 앞으로의 활동을 통해 그 목적을 달성할 수 있을 것이다. 그리고 나는 이를 위한 기반이 다져졌다고 생각한다.

앞으로는 수익활동의 강화와 함께 자원봉사활동을 적극적으로 펼쳐나갈 계획이다. 커뮤니티를 염두에 둔 활동은 수익뿐만이 아니라, 얼마나 지역발전에 기여할 수 있는가가 중요한 관건이다. 물론 수익을 거두는 것도 중요하지만, 지역을 활성화시키는 것이 결과적으로 자신들의 활기로 이어진다. 이러한 생각을 가지고, 지역을 활성화시키는 활동을 하나씩 창출하여, 주민 모두와 함께 지역에 활력을 불어넣어 나가는 것이 커뮤니티 비즈니스 사업의 주요 목적일 것이다.

# NPO·FUSION 나가이케(長池) 도쿄 하찌오지시(八王子市)

................. 커뮤니티 비즈니스의 개요 .................

주소: 도쿄 하찌오지시(八王子市)
설립: 1999년 12월 7일 (특정비영리법인으로 등기)
사업내용: 주로 다마(多摩)지역 주민에게 생활 전반에 관한 사업(지역 활성화 사업,
　　　　　홍보사업, 주택관리지원사업, 육아교육문제지원사업,
　　　　　환경보전지원사업, 그 외 다마 지역의 주민이 필요로 하는 사업)을 전개
정회원 수: 약 50명

## 1. 커뮤니티 비즈니스의 내용

도쿄 서부에는 다마(多摩) 뉴타운이 펼쳐져 있다. 그 안에 뉴타운 중에서도 최대 규모를 자랑하는 나가이케(長池)공원이 있고, 주변에는 공원을 둘러싼 여러 단지가 늘어서 있다. 미쓰케가오카(見附ヶ丘) 지구라 불리는 이 일대는, 언뜻 보면 한적한 주택단지로 보이지만 실은 주민의 엄청난 저력이 잠재해 있는 곳이다.

한 단지의 관리조합 활동으로부터 시작된 커뮤니티 활동이 점점 커져서 여러 사람들을 FUSION(융합)시키고 결국에는 NPO를 설립하게 된 것이다. 이름하여 'NPO·FUSION 나가이케'다. 이 NPO 단체는 다마 지역에서 환경, 주택, 커뮤니티, 교육, 육아, 간병 등 생활 전반에 걸친 사업을 전개하고, 지역에서의 생활을 지탱하기 위한 활동을 하고 있다.

## 2. 커뮤니티 비즈니스 창업까지의 경위

'NPO·FUSION 나가이케'를 설립하게 된 기원을 돌이켜 보면, 1996년 여름에 발족한 '미쓰케가오카(見附ヶ丘) 연결협의회'가 발단이 되었다. 당시 미쓰케가오카 지구에는 다섯 개의 자치회와 관리조직이 있었다. 원래는 별도로 활동하고 있었지만, 같은 지구에 사는 주민끼리 상호우호와 친밀감을 증대시키자는 취지로 설립된 것이다. 주요 활동내용으로는 주민의 자발적인 활동 지원, 지역정보지인 'FUSION 미쓰케가오카(현(現) 폼포코 가와라 판(ぽんぽこかわら版)' 발행, 지역의 여름 마쓰리(일본 전통 마을축제)인 '미쓰케가오카 페스티발(현 나가이케 폼포코 마쓰리)' 개최 등이 있다. 여러 단지 주민들이 하나로 뭉쳐서 이러한 활동을 시작한 것이 후에 NPO를 설립하게 된 원동력이 되었다.

커뮤니티 활동을 펼쳐나가는 데서 결정적 역할을 한 것은 1998년 4월에 개설된 메일링 리스트이다. 지역 내에 컴퓨터를 보유한 가정이 많다는 배경 덕분에, 평소에는 얼굴을 마주칠 일이 적은 사람들의 교류가 급증했다. 현재는 300명이 참여하고 있고, 메일의 화제건수도 11,000건 이상이 되었다.

특이한 사항은 메일링 리스트 참여자의 80%는 평일에는 일 때문에 서로 얼굴을 볼 수 없는 남성들이라는 점이다. 메일링 리스트를 통해 '컴퓨터 수리 부대'가 결성되거나 무료 컴퓨터교실 개최, 마을탐험대와 같은 새로운 활동이 생겨나고 있다. 이처럼 FUSION 나가이케의 활동이 발전하는 데에는 메일링 스트라는 커뮤니케이션 도구가 핵심 역할을 했다.

이렇게 미쓰케가오카 지구에서는 순조롭게 커뮤니티가 확대되어 다양한 활동이 펼쳐졌다. 그러나 그러한 상황에 불안감을 느낀 사람이 있었다. 후에 'NPO·FUSION 나가이케'의 초대 이사장이 된 도미나 가 이찌오(富永

그폼포코 가와라 판(版)

一夫) 씨이다.

그는 '책임감 없는 봉사활동은 오래가지 않을 것이다'라는 불안감을 느끼기 시작했다. 그러던 어느 날, 'NPO를 창설하여 커뮤니티 활동을 통해 모인 지역 인재들의 힘을 결집시키고, 지역에 공헌하는 사업을 시작하면 어떨까' 하는 생각에 이르렀다. 이 생각에 대해 커뮤니티활동을 통해 알게 된 사람들과 이야기를 나눠본 결과, 어떻게든 될 것 같다는 느낌이 들어, 1998년 10월부터 NPO를 설립할 준비를 시작했다. 준비를 하는 동안 '이는 부업으로 해결될 문제가 아니다'고 느낀 도미나 가(富永) 씨는, 'NPO·FUSION 나가이케' 활동에 전념하기 위해 다니던 회사를 퇴직했다.

그리고 1999년 4월에 설립총회가 개최되었다. 도미나 가 씨를 비롯해 지역의 보육원 원장, 대학교수, 지역에 살고 있는 세무사, 변호사, 회사원 등 12명이 이사로 임명되었고, 50명 정도의 회원으로 'NPO·FUSION 나가이케'라는 임의단체가 설립된 것이다. 그 후 도쿄에서 NPO법인 인증수속을 진행시켜 1999년 12월 7일에 정식으로 특정비영리법인 'NPO·FUSION 나가이케'가 탄생했다.

### 표 5. 'NPO·FUSION 나가이케'의 생활지원사업 사례(패러다임)

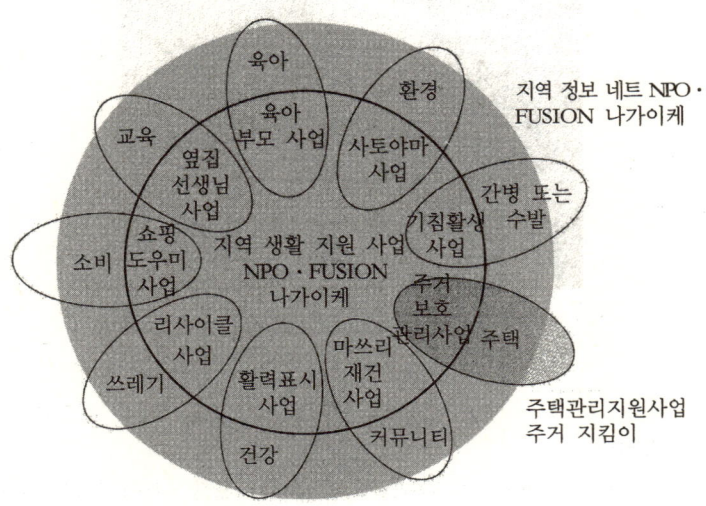

출처: 폼포코 가와라판(ぽんぽこかわら版) NO.27


  'NPO·FUSION 나가이케'는 지역활성화사업, 홍보사업, 주택관리지원사업, 육아교육문제 지원사업, 환경보전 지원사업, 그 외 다마 지역 주민이 필요로 하는 사업 등 6개의 사업을 주축으로 하여 사업을 전개시켜나가려 한다. 그러나 이들을 한꺼번에 진행시키기에는 무리가 따르기 때문에, 일단은 그중에서도 가장 손쉽고 현실적인 분야인 주택관리 지원사업을 시행하기로 했었다.
  원래 주택관리 지원사업은 집합주택이 많은 다마 뉴타운에서 살면서 실제로 느낀 것을 바탕으로 만든 사업이다. 집합주택을 관리하는 데에는 단지운영, 구조물 유지관리 및 개수, 적립금 운용이나 법률문제 등 복잡하고 고도화된 문제가 있어서 관리조합의 부담이 컸다. 지역 주민이 구성원인 특정비영리법인 'NPO·FUSION 나가이케'가 이 관리 업무를 주민의 눈높이에서 시행할 수 있으면, 주민이 서로 협력하여 관리업무를 실행할 수 있을 것이란 생각으로 시작한 것이다.

## 3. 커뮤니티 비즈니스의 실제

여기서는 주택관리지원 사업에 대해 상세하게 설명하도록 하겠다. 주택관리지원 사업을 추진하고 있는 것은, '주거 지킴이'라는 팀이다. 이 팀은 'NPO·FUSION 나가이케'의 회원 중에서도 주택관리에 관한 분야(변호사, 건축사, 보험 등)의 전문가에 의해 구성되어 있다.

주택관리지원 사업은 창구관리 업무, 사무관리 업무, 컨설턴트 업무를 주축으로 하고 있다. 창구관리 업무는 창구관리를 위한 인재 파견을 기본적 업무로 하고 있다. 뿐만 아니라 관리창구가 단지 내 거주자의 생활 정보를 교환하는 장이 될 수 있도록, 생활 관련 정보도 제공하려 한다. 이를 위한 홈페이지나 메일링 리스트 구축도 지원하고 있다.

사무관리 업무는 단지 내의 필요에 따라, 통상적으로 이루어지는 관리조합비의 수납이나 조합회계관리, 계약대행 등의 사무처리를 하고 있다. 관리비와 개수적립금의 회수와 지불 업무, 체납에 대한 재청구와 통지, 회계보고와 감사기능까지 포함한 경리사무가 주요 업무이다.

컨설턴트 업무는 선임 변호사, 건축사, 세무사 등의 지원 체제하에서 주택관리에 관한 컨설팅을 담당한다. 관리조합과 단지 거주자의 고민을 즉시 해결해주는 일상적 컨설팅으로부터 위탁업자 선정이나 대규모 개수에 관한 문제까지 폭넓게 대응할 수 있도록 한다.

그러나 'NPO·FUSION 나가이케'가 NPO법인이라고 해서 이와 같은

### 표 6. 'NPO · FUSION 나가이케'에 의한 주택관리사업의 전개도

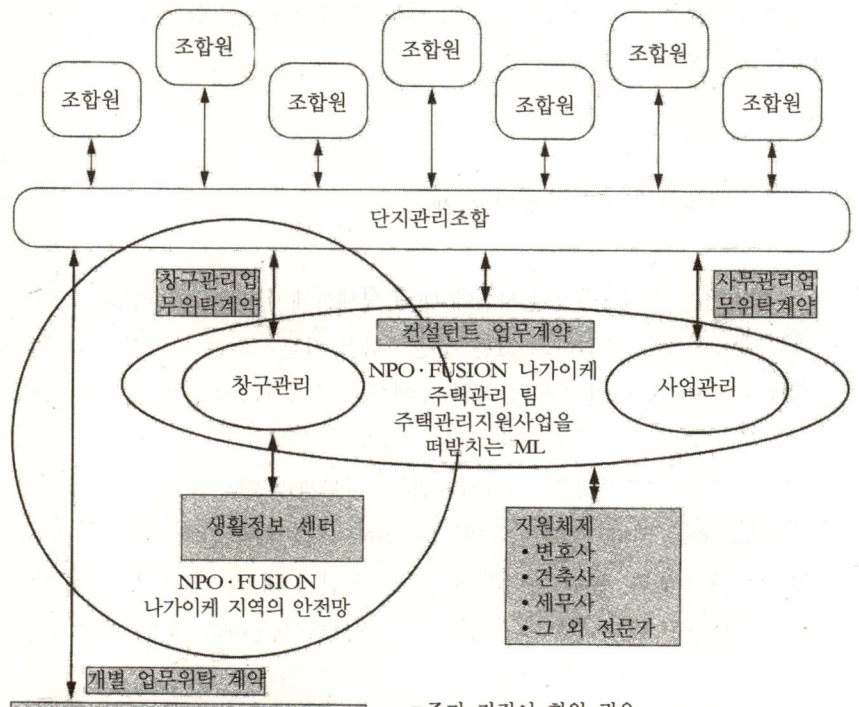

■주거 지킴이 회원 권유

　컨설턴트 업무계약을 체결한 관리조합과 조합원에 대하여 주거 지킴이가 다양한 서비스를 제공하고 있습니다. 관리조합에게는 창구를 통하여 정보의 상호교류환경을 인터넷을 통해 제공하고 있습니다. 위탁업자 소개 및 선택 지원사업 이외에도 건물유지관리에 관한 기술적 지원과 법률상담, 세무상담 등을 하고 있습니다.
　조합원에게는 공동구입을 통하여 할인된 가격으로 주택비품을 제공하거나, 주거의 문제에 대해서도, 관리창구나 응접실에서 지원 요청할 수 있는 환경을 정비하고 있습니다.

사업을 갑자기 추진하여 계약을 성사시킬 수 있을 만큼 세상이 호락호락하지는 않았다. NPO가 인정을 받게는 되었지만 아직 별로 확신이 서지 않았고, 더군다나 사업체로서의 실적은 없었던 것이다. 그래서 실적과 신용을 쌓기 위해 손쉽고 금방 실적을 올릴 수 있는 '공동구입지원 사업'과 '컨설턴트 업무 시험코스'로부터 사업을 구체적으로 진행시키고 있다.

이 두 개의 사업은 'NPO·FUSION 나가이케'의 실적 및 신용을 쌓는다는 의미에서 시행되고 있다. FUSION 나가이케의 독적은 단지관리조합이나 거주자의 자주관리를 지원하는 것이지 알선업을 하려는 것이 아니다. 어디까지나 단지 상호의 정보교환과 지역 내 업자와 거주자의 대등한 관계 구축을 위한 사업이며, 이를 위한 정보공개다(지역 업자에 관한 정보는 홈페이지상에서 무료로 공개하고 있다).

또 실적 및 신용을 만들기 위한 사업과 병행하여, 1999년 11월부터 NPO 주체로 관리조합이사 간담회를 매월 1월에 개최하고, 각 지역의 고민과 정보를 교환하는 장을 제공하고 있다. 어디까지나 거주자를 위한 활동을 한다는 것이 'NPO·FUSION 나가이케'가 존재하는 의의이며, 따라서 직접 이익을 보기 힘든 활동에도 적극적으로 뛰어드는 자세를 보이고 있다.

### 4. 커뮤니티 비즈니스의 성과

FUSION 나가이케와 같은 NPO는 풀뿌리적인 사업을 하는데 지역과의 신뢰관계를 구축하여 사업을 추진하기 때문에 일반적인 사업에 비해 진전 속도가 상당히 느리다. 따라서 단순히 몇 년 사이에 얼마만큼의 수익을 올렸다는 식으로 수익을 수치상으로 평가하는 것은 올바른 평가방법이 아니다. 여기서는 커뮤니티 비즈니스의 관점에서 'NPO·FUSION 나가이케'의 주택관리지원 사업을 평가해보도록 하겠다.

'NPO·FUSION 나가이케'를 커뮤니티 비즈니스의 관점에서 봤을 때, 다음과 같이 두 가지 큰 성과를 거두고 있다.

① 커뮤니티 활동에 비즈니스적인 요소를 포함시킴으로써 활동의 계속성을 확보했다.
② 주택관리에 관련된 자금이 지역 내에서 순환할 수 있는 틀을 구축했다.

①은 '커뮤니티 활동은 자원봉사를 바탕으로 해서는 지속되지 않을 것이다'는 생각에서 도출된 결과다. 거주자 대부분이 단지 내에 살고 있는 다마 뉴타운에는 '주거 관리'라는 반영구적인 수요가 발생한다. 비즈니스적인 관점에서 보면 여기에 많은 비즈니스의 기회가 널려있는 것이다. 하지만 이를 단순히 비즈니스로 받아들이는 것이 아니라, 좋은 지역 커뮤니티의 형성과 연결시켜 전개해 감으로써 커뮤니티 활동이 지속되는 틀을 구축하고 있다.

②는 지역주민으로 구성된 NPO가 자체적으로 관리를 지원하는 것으로, 주택관리 비용이 절감되는 동시에 관리와 관련된 돈이 NPO에 유입된다. 따라서 자금이 지역 외부로 유출되지 않고 지역 내에서 순환하는 틀을 구축한 것이다. NPO로 유입되는 자금은 지역주민으로 구성된 직원의 인건비로 지출되거나 그 외 공익사업의 재원으로 이용되기 때문에, 결과적으로 자금이 지역 외부로 유출되지 않고 지역 내부에서 순환하는 것이다.

## 5. 커뮤니티 비즈니스의 성공요인과 향후 과제

### (1) 커뮤니티 비즈니스의 성공요인

사업자체가 아직 발전 과정에 있기 때문에 현시점에서 성공했다고 단정할 수는 없다. 그러나 NPO의 공익성과 중요성은 누구나가 인정하고 있다. 따라서 'NPO·FUSION 나가이케'의 커뮤니티 비즈니스가 크게 도약할 가능성은 충분하다.

그 근거로 다음 세 가지 요인을 들 수 있다. 첫째, 철저히 지역에 공헌한다는 자세이다. 비즈니스적인 관점에서는, 사업의 효율성과 수익성이 우선시된다. 하지만 커뮤니티 활동에서 발전한 NPO인 'NPO·FUSION 나가이케'는 '지역의 생활'을 우선시한다. 이는 수익성의 측면에서는 단점이 될 수도 있지만, 역으로 이것이 장점으로 작용하여 가까운 장래에 사업 발전에 도움이 될 것으로 생각한다. 특히 특정비영리법인으로서의 공공성, 공익성, 투명성 등은 커다란 장점이 될 것이다.

둘째, 서로 '얼굴이 보이는 관계'라는 점이다. 'NPO·FUSION 나가이케'의 회원은 지역 주민이다. 평소 얼굴을 마주치는 사이이기 때문에 강한 신뢰관계가 구축되어, 이것이 비즈니스의 성공을 뒷받침할 가능성이 크다.

셋째, 사업추진 시, 서서히 주변의 이해를 얻으면서 진행시킬 수 있다는 점이다. 일반적인 사업은 하루빨리 많은 수익을 올려 경영을 안정화시키려 한다. 하지만 FUSION 나가이케는 우선 지역의 합의를 얻은 후 사업을 진전시킨다. 물론 채산성이 없는 상태가 지속되면 안 되겠지만 합의를 얻은 상태에서 실적도 올라가면 비약적인 성장을 할 수 있을 것이다.

### (2) 향후 과제

#### 가. 실적 쌓기

사업 시작 단계에서 실적이 없어 수주(受注)에 어려움을 겪는 것은 새로 사업을 시작하는 사업체가 안는 공통 과제이다. 특히 NPO 법인 형태에 대한 인지도가 낮은 상태에서는 NPO의 공익성, 공공성이 장점이 될 수 없다.

따라서 우선 하나의 사업체로 신용을 얻기 위하여, 실적을 쌓는 것이 최우선 과제이다. 이를 위해서는 주변 사람들의 협력이 반드시 필요하다. NPO가 활동하기 쉬운 환경을 정비하는 것도 중요하지만, 실제로 NPO에 일을 맡기는 것이 가장 큰 지원이 될 것이다.

#### 나. 타 사업의 추진

지금은 주택관리지원 사업을 주축으로 하여 사업을 전개하고 있다. 하지만 그 이외에도 고도정보화 지원사업(고속회로를 사용한 인터넷 상시 접속 서비스 지원)이나 환경보전 지원사업 등을 준비하고 있다. 이들 사업을 착실히 추진하는 것이 향후 과제가 될 것이다.

#### 다. NPO에 대한 이해 정착

NPO에 대한 인지도가 높아지고는 있지만 사회 전반적으로 보면 아직 충분히 확산되지 않았다. 'NPO·FUSION 나가이케'가 사업에 대한 설명을 할 때에는, 우선 'NPO란 무엇인가'에 대한 설명부터 시작하고 있는 실정이다. 전국에서도 최첨단을 달리고 있는 'NPO·FUSION 나가이케'는 이미 여러 언론 매체에서 소개되었기 때문에 다른 NPO에 비하면 인지도가 높은 편이다. 그렇지만 아직 충분치 않다. 향후 사회 전체에서 NPO에 대한 인지도를 높이는 것이 주요 과제가 될 것이다.

# 시네윈드(니가타현 니가타시 新潟県 新潟市)

........... 커뮤니티 비즈니스의 개요 ...........

주소: 니가타현(新潟県) 니가타시(新潟市)
사업내용: 영화관 및 극장 운영, 월간지 편집 및 발행, 각종 이벤트 기획, 개최
설립: 1985년 12월
사원 수: 4명
연간매상: 8,000만엔

## 1. 커뮤니티 비즈니스의 개요

'시네윈드'는 시민의 손으로 설립, 운영되는 소규모 극장이다. 니가타현(新潟県) 니가타시(新潟市) 중심부의 상점지역에 위치하고 있다. 니가타시는 에도(江戸)시대부터 번영한 항구도시로, 인구는 약 50만 명에 이른다. 이 지역에 '니가타 시민영화관 시네윈드'가 탄생한 것은 1985년이다. 예로부터 영화에 친숙한 풍토와 토양이 있었던 것도 아니다. 1980년대에 시내에 있던 명화관(名画座)[7] '라이프'가 폐관했다. 이를 계기로 한 청년이 새 영화관을 세우고자 일어섰다. 한 구좌당 만 엔으로 회원을 모집하여 1,500명의 회원을 모았다.

회원은 일인당 만 엔을 상한선으로 하고, 고액의 기부금은 거절했다. 한 명이라도 많은 회원을 참여시키는 것을 방침으로 하였다. 이는 많은

---

[7] [역주] 주로 오래된 영화를 상영하는 영화관의 총칭

표 7. 종별 회비

|  |  | 연회비 | 유효기한 | 초대권 | 입장료 |
|---|---|---|---|---|---|
| A 회원 | 일반 | 12,600엔 | 2년 | 9회분 | 1,000엔 |
| B 회원 | 일반 | 6,300엔 | 1년 | 4회분 | 1,000엔 |
| C 회원 | 학생 | 4,200엔 | 1년 | 3회분 | 800엔 |
| D 회원 | 고령자, 장애자, 외국인 국적 | 4,200엔 | 1년 | 3회분 | 800엔 |

표 8. 회원 특전

- 운영 참가(상영작품의 기획, 동아리 설립 및 참가)
- '월간 윈드' 무료송부
- 주말 및 휴일, 최종 상영일에 전화예약 가능
- 회원 친구(일반 및 학생에 한하여) 3명까지 200엔 할인
- 회원의 자녀(3세 이상 초등학생 이하) 입장료 500엔
- 제휴상영관(시어터 키노, 시네마 아이리스, 시네마 차오) 입장료 할인
- 회원특전회수권(1년간 유효) 구입 13장 10,500엔, 6장 5,250엔
- 도서관 장서 대출(비회원은 열람만 가능)

주민에게 사업의 취지를 이해시키는 데 도움이 되었고, 나중에 싹이 틀 씨앗이 되었다.

운영체제는 '니가타 시민영화관 감상회(임의단체)'와 '유한회사 니가타 시민영화관'의 이중구조로 되어있다. 후자는 혼자 영화관을 설립한 청년인 사이토 마사유키(斎藤正行) 씨가 현재 대표를 맡고 있고, 그 외에 급료를 지불하는 전속 종업원이 4명 있다.

시네윈드의 실제 운영은 100명 안팎의 자원봉사 활동가들이 대부분 담당하고 있다. 약 4,000명 정도의 회원 중에서 자발적으로 운영에 참여하려는 회원이 실제적인 권한을 가지고 담당하고 있다. 시네윈드는 '보고 싶은 영화를 자신들의 손으로 상영하자'는 테마로 만들어진 니가타 독자의 시민

영화관인 것이다.

매출은 약 8,000만 엔이다. 그 중 회비수입이 30%, 입장료 수입이 약 60%, 그 외 세미나 및 이벤트 회비수입, 회보게재광고료, 서적 등의 판매수입이 약 10%를 점하고 있다.

## 2. 커뮤니티 비즈니스의 내용

영화관 및 극장의 운영, '월간 윈드'의 편집, 발행, 각종 영화자료 수집 및 관리, 영화 관련 정보 발신, 각종 이벤트 기획 및 개최, 상영 안내 등이 시네윈드의 업무이다.

주요 영화관 시설은 크기 조절이 가능한 무대와 스크린, 86개의 고정좌석, 20개의 보조 좌석 등이다. 상영관 입구에서 스크린까지 단의 차이가 없기 때문에 휠체어로도 감상하기 쉽게 되어있다. 서적판매 코너와 자유로이 열람할 수 있는 도서관도 설치했다. 영화 관련 서적과 잡지가 폭이 약 4m, 높이는 천장에 닿을 정도인 공간에 가득 차 있다. 1층에 사무소, 2층에 작업 및 회의를 할 수 있는 '자유 공간'이 있다. 시민 스태프는 자유롭게 출입할 수 있다.

시네윈드의 운영은 필요한 기능별로 나뉘어져 있으며, 다음과 같이 여러 '대'(隊)에 의해 구성되어 있다. '영화

월간 《윈드》

팬', '아마추어'와 같이 프로에게는 없는 시점이 강점이며 아이디어와 현장감이라는 측면에서는 프로를 능가하는 활약을 하고 있다고 해도 과언이 아니다.

• 전체 회의

각 운영기관의 활동보고, 예정, 방침 등에 대한 의견교환을 한다. 스태프 전원이 참여하며, 매월 1회 개최를 원칙으로 한다.

• 시어터 대(隊)

회원의 목소리를 모아 상영 영화 선정, 스케줄 구성, 선전 기획을 생각한다. 매주 금요일 저녁 '자유 공간'에서 회의를 한다.

• 데이터 대(隊)

영화잡지, 전단지 및 포스터, 팸플릿 등, 영화에 관한 여러 자료를 정리하고 파일과 목록을 만든다. 공공의 도서관 기능을 충실히 하는 것이 목적이다. 장서는 만 권이 넘는다.

• 미디어 대(隊)

시네윈드에서 발신하는 여러 정보의 방송국이다. '월간 윈드'의 편집, '바람의 소식'을 제작한다.

• 네트워크 대(隊)

정보 발신을 담당한다. 모든 문의 사항에 응답하며, 회원간 네트워크를 만들려는 목적이다. 홈페이지 개설, 전자메일 및, 편지, 전화, 팩스 등 여러 정보 수단을 활용한다.

• 갤러리 대(隊)

상영 작품에 관련된 전시기획을 구성하여 심도 있게 작품을 이해할 수 있는 장을 마련한다. 포스터, 전단지 등의 정보를 보기 쉽게 레이아웃 한다. 관내에 편히 쉴 수 있고, 즐길 수 있는 공간을 만들고자 한다.

• 세미나 대(隊)

회원 자신들이 기획 입안, 운영에 대해 가능한 지원을 하고, 세미나 등을 기획한다.

## 3. 커뮤니티 비즈니스 창업까지의 경위

대표 사이토 씨는 1949년에 니가타시에서 태어났다. 1980년대에 도쿄에 대한 실망감과 좌절감을 맛본 후 30대에 귀향하여 명화관 '라이프'의 폐관을 목격한다. 사이토 씨를 영화관 건설 및 운영에 뛰어들게 한 것은, 당시 니가타 일보(新潟日報)에서 최신 영화 소개를 맡고 있던 고(故) 오기 마사히로(荻昌弘) 씨의 말이었다. 그는 "영화의 진수만을 골라 보여주는, 제대로 된 방침을 지닌 영화관을 잃는 것은 직접적 손해일 뿐만 아니라 니가타의 정신적 위신에 관련되는 사건이다. 현청 소재지에 이러한 영화관조차 유지하지 못하면서 어찌 감히 문화를 논할 수 있는가"라고 영화관 '라이프'에 대한 추도의 글을 썼다.

사이토 씨는 그때까지 영화관을 운영하고 싶다는 생각을 한 번도 해본 적이 없었다. 그러나 오기 씨의 말에 결심했다. 가족을 설득하기는 어려웠지만, 그 과정이 자신의 생각을 정리하고 방침을 정해나가는 데 도움이 되었다.

변호사인 선배가 고문변호사가 되어 주었다. 사업 자금에 관한 상담을 하자 '사기 칠 생각이 없다'는 것을 보여줄 필요가 있다고 했다. 회비만 엔은 '혹시라도 정신이 나가 그 돈을 바다에 버려도 후회하지 않을 사람'에게만 받기로 했다. 그즈음, 변호사 선배처럼 그를 이해해주고 협력해주는 사람이 몇 명인가 생겼다. 사이토 씨는 영화관계자는 물론, 니가타의 유력자, 경영자, 그리고 영화를 사랑하는 청년들까지 차례로 만났다. 많은

표 9. 창업까지의 경위

| 1985년 3월 | 명화관 '라이프' 폐관 |
|---|---|
| 5월 | '니가타–시민영화관 건설 준비회' 발족 |
| 7월 | 자주(自主)상영회 '나루코(鳴呼)활동대사진(活動大写真)'[8]을 실시하여 시민들에게 어필함. |
| 8월 | 자주상영회 '가야코를 위하여(伽倻子のために)'(오구리 코헤이小栗康ス 감독) 실시 |
| 9월 | '유한회사 니가타 시민영화관' 설립 총회 |
| 10월 | '니가타–시민 영화관을 건설회'로 개칭→1구좌당 1만 엔의 제1차 회원을 5,000명 모집 개시(1,500명 모임) |
| 11월 | '월간 윈드' 창간 |
| 12월 | 7일 오픈: '아라비아의 로렌스' 상영 |

것을 배웠고, 노하우가 축적되어 동료가 늘어갔다.

제1차 회원모집에서는 약 1,500명이 모였다. 이 시기의 회원들의 이름은 지금도 시네윈드 안에 걸려있는 게시판에 새겨져 있다. 시네윈드는 '자신들의 손으로 자신들의 공간을 만들어 유지하자', '자신의 것이지만 자신의 것이 아닌, 모두의 것이지만 모두의 것이 아닌 공간'이라는 새로운 이념을 내걸고 지자체의 원조도 받지 않았다. 처음부터 시민이 선두에 서서 일궈낸 것이다.

## 4. 커뮤니티 비즈니스의 실제

실제 운영하는 데는 감상회와 같은 임의단체만으로는 어려움이 있었다.

---

[8] [역주] 만화의 옛말

사회와의 연결고리가 될 법인 자격을 취득하지 않으면 안 되었다. 당시에는 NPO법인제도가 없었기 때문에 유한회사로 법인 자격을 취득했다.

사이토 씨는 열심히 일하는 직원들 사이를 오가며 '방해하고 있다'고 한다. 시민 스태프에게 가볍게 말을 건다. 그런 꾸밈없는 성품을 가진 사이토 씨이기에, 그가 대표이사라는 사실을 모르는 시민 스태프도 많다고 한다.

운영에 관련된 시민 스태프 부대는 10명 전후로 구성되어 있다. 연령, 성별, 직업은 가지가지다. 회사원, 주부, 자유업, 상점주, 학생 등 다양한 멤버가 있다. 학생은 20명 정도이며 유급으로 일을 하지만, 그 외의 회원은 무급으로 일한다. 운영부대의 구성원들은 자주 바뀐다. 10명 전후의 한 부대는, 야구로 치자면 한 팀, 회사로 치면 하나의 부서와 같은 규모이며, 회의나 작업에 사용되는 '프리 스페이스'에 들어갈 수 있는 한계 인원이기도 하다.

상하관계가 없고 들고나는 것이 자유로운 가운데 각 운영부대는 평상시에 각각의 부대별로 활동하고 있다. 시네윈드는 항상 신진대사가 활발하며, 형태가 정해져 있지 않은 아메바와 같은 조직이다.

## 5. 커뮤니티 비즈니스의 성과

1985년 이후, 정부와 언론은 '니가타에서도 두려움 없이 여러 일을 벌이는 젊은이가 나타났다'고 시네윈드를 평가했다. 영화관 설립 3년 후, 정부는 3년간 지속된 시네윈드를 높이 평가했다. 일반적으로는 정부의 협력 없이는 99%가 중도하차한다고 한다. 그래서 1988년부터 사이토 씨는 니가타시나 상공회의소 등으로부터 니가타의 리더로 칭송받게 되었다.

현재도 여러 '지역부흥 및 마을 만들기' 활동에 관여하고 있다.

1989년에는 정부가 사이토 씨에게 청년단을 만들어 주기를 부탁했다. 그는 청년 네트워크를 만들고 몇 개의 조건을 걸었다. 거점을 시청 안에 둘 것, 운영 방식을 일임할 것 등의 조건이었다. 국제교류 기획에서는 노년층보다 젊은 층을 해외에 많이 보내도록 배려했다. 정확히 측정할 수는 없지만, 지역의 젊은 인재 육성이라는 측면에서 사이토 씨와 시네윈드 가 공헌한 바는 크다.

시민들 간의 연계라면, 나가오카(長岡)의 '시민영화관을 만드는 모임'과 의 네트워크를 들 수 있다. 왜 영화관을 원하는 것인가에 대한 생각에 파고들다 보면, 마을을 생각하게 되고 또한 인생을 생각하게 된다고 사이토 씨는 말한다.

전국에서 시민영화관을 만들려는 사람들이 사이토 씨에게 상담하러 온다. 실제로, 현재 전국에서 생기고 있는 미니시어터의 대부분이 시네윈드 의 영향을 적잖게 받았다. 삿포로시(札幌市)나 오사카시(大阪市) 내에 있는 미니시어터도 '시민주주(市民株主)'라는 이름으로, 한 구좌당 10만 엔에 달하는 기부를 모금하여 영화관을 개관하는 자금으로 쓰고 있다. 이러한 방식은 부족한 자금을 보충하려는 목적도 있지만 이들이 노리고 있는 가장 큰 효과는 따로 있다. 시네윈드와 마찬가지로 지역에서 영화관을 개관하는 일에 대해 이해하는 사람들의 층을 늘리기 위함이고, 또한 '마을 만들기'라는 공통된 목적을 추구하는 동지를 늘리기 위함이기도 하다.

## 6. 커뮤니티 비즈니스의 성공요인과 향후 과제

각 운영부대에서 일하는 시민 스태프들은 자신들의 자유시간 일부를 사용하여, 자발적으로 참여하고 있다. 그들은 자신들이 기획을 하고, 여러 사람과 만나고, 자신이 시간을 컨트롤하여 무언가를 창조해 내고 있다. 왜 그들이 무보수로 일을 하는지를 한마디로 말하자면, '자기가 좋아하는 일을 하고 있기 때문'이다. 또 시민 스태프는 모니터를 하기도 한다. 많은 시민 스태프가 연관되면 될수록, 마케팅 효과를 느낄 수가 있다.

사람을 모으기 위해서는 '알기 쉽고 참여하기 쉽도록, 울타리를 낮추어야 한다. 사람이 모여드는 것이 멀리서도 보일 수 있도록 이상을 높게 가진다. 이상이 높으면 교류의 폭이 넓어진다.' 이렇게 사회성 있는 운영방침도 시네윈드의 성공에 한몫을 했을 것이다.

시네윈드에서는 보통 영화관에서는 상영하지 않는 16mm영화도 상영한다. 영화의 새로운 가치와 견해, 언어를 만드는 일을 하고 있는 것이다. 영화업계는 제작, 배급, 흥행 중에서 흥행이 가장 중요한 기능을 한다. 시네윈드는 대형 영화관 대열에 끼기를 거부하여 '흥행'이라는 측면에서 자유로울 수 있기 때문에 상영 영화를 자유롭게 고를 수 있다. 신인감독을 발굴하거나, 수용자 입장에서 제작자의 질을 높여가는 역할도 하고 있는 것이다.

조직 운영의 비법은 모든 사람이 '내 것이다'라는 생각을 갖도록 하는 데 있다. 조직이 먼저가 아닌 것이다. 시네윈드에서는 특히 젊은 직원을 신뢰하고 권한을 주어 마음껏 활동할 수 있도록 하고 있다. 그리고 '책임은 대표자가 진다'고 사이토 씨는 단언한다.

시간이 지나면 조직은 형해화(形骸化)하기 마련이다. 그러면 조직을 깨부수고 다시 새롭게 태어나지 않으면 안 된다. 시네윈드의 운영방식은 '다수결'이 아닌 '개인결'(個人決)의 연속이다. 개인 하나하나가 모여서 하나의 유연한 조직 형태를 만들고 있다. 지역을 사랑하고, 자신을 사랑하고, 자신의 신념을 믿는다. '우수한 사람인지 아닌지는 학력으로 측정할 수 없다. 비판이나 분석 능력은 뛰어나도 내일에 대해서 이야기할 수 없다. 내일에 대하여 이야기할 수 있는 사람이 우수한 사람이다. 그런 사람은 자유로운 환경과 상황이 있으면 반드시 발전한다'는 사이토 씨. 이를 실현하는 장이 바로 시네윈드다.

# 프리크 포켓(Freak Pocket)(도야마현 富山県 도야마시 富山市)

```
·············· 커뮤니티 비즈니스의 개요 ··············
주소: 도야마현(富山県) 도야마시(富山市)
사업내용: 상점가 점포의 임대 및 지원
설립: 1997년 7월 오픈
사원 수: 운영협의회 9명
연간수입: 696만 엔
```

## 1. 커뮤니티 비즈니스의 개요

프리크 포켓(Freak Pocket)은 도야마(富山) 시내에 있는 주오도오리(中央通り)의 독특한 인큐베이터다. 'Freak'는 '열중하는, 집착하는'이란 의미를 가지며 'Pocket'은 '주머니, 집합체'를 의미한다. 상점가 점포공간을 2~3평으로 세밀하게 나누어, 의욕이 넘치는 젊은이들에게 1년간 매우 싼 가격에

표 10. '프리크 포켓' 사업수지(1999년 4월~2000년 3월)

| 수입부문 | | 지출부문 | |
|---|---|---|---|
| 도야마 시(市) 부담금 | 2,231,241엔 | 점포 임대료 | 1,890,000엔 |
| 협동조합 주오도오리 쇼에이카이(中央通り 栄会) 부담금 | 2,231,241엔 | 점포 개장비(改装費) | 715,083엔 |
| 입점자 임대료 | 1,088,660엔 | 광고선전비 | 1,522,840엔 |
| 입점자 광열수도(光熱水道)비 부담금 | 1,386,820엔 | 광열수도비 | 2,667,307엔 |
| 그 외 | 24,544엔 | 사업비 등 | 167,276엔 |
| 합계 | 6,962,506엔 | 합계 | 6,962,506엔 |

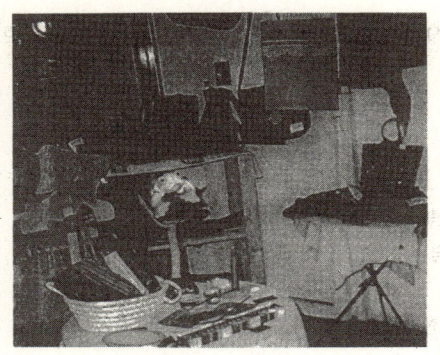

'프리크 포켓' 내부

빌려준다. 소매업에서 경험과 노하우를 쌓아, 1년 후에는 중심상점가에서 독립하여 개업할 수 있도록 하는 시도인 것이다. 젊은 초보 기업가를 프로 소매업자로 육성함과 동시에 상점가의 빈 점포를 줄이는, 중심시가지 활성화 효과도 노리고 있다.

'프리크 포켓'은 프리크 포켓 운영협의회(회장: 사와이 준이찌(澤井淳一))에 의해 운영되고 있다. 전국적에서도 드물게 행정당국과 협동조합이 공동으로 펼치는 사업이며, 경비와 부담금도 반씩 나누고 있다. 1997년에 발족한 운영협의회는 도야마시 상공노정과(商工勞政課)에서 3명, 협동조합 주오도오리 쇼에이카이(商榮會)에서 6명 합쳐 9명으로 시작했다. 주요 회원은 발족 당시부터 현재까지 별로 변화가 없다. 2000년 7월부터는 '마을 만들기 회사'(주식회사 마을 만들기 도야마) 안에 거점을 두게 되었다.

1999년도 사업비 총액은 995만 엔이지만, 처음 발족했던 1997년도에는 1,723만 엔, 1998년도에는 995만 엔이었다. 사업 설립 당시에는 점포의 개장(改裝) 비용(첫해 1,218만 엔, 다음해 425만 엔)이 경비에 큰 비중을 차지했다.

## 2. 커뮤니티 비즈니스의 내용

입점 조건은 월간 임대료 1만 엔(최초 3개월은 무료), 공공요금 1만 엔에, 임차보증금 및 사례금, 보증금, 상납금 등은 일체 없다. 길게는 1년까지 재응모도 가능하다. 빈 점포가 생기면 수시 모집한다. 지금도 상시 입점 희망자를 받고 있다.

응모자격은 지금까지 장사를 해 본 경험이 없으며, 앞으로 자신의 점포를 갖고 싶다는 의욕이 넘치는 18세 이상의 젊은이를 타깃으로 하고 있다. 판매할 수 있기만 하다면 어떤 업종이라도 상관없다. 어떤 장사를 하고 싶은 것인가, 무엇이 하고 싶은 것인가 하는 확실한 목표만 있으면 얼마든지 지원한다는 자세로 젊은이들을 육성하고 있다. 다만 어떤 상품을 파는지는 몇 번이고 확인한다.

발족 첫해인 1997년도에는 전단지를 2만 부 작성하여, 길거리와 벼룩시장에서 배포하거나 젊은이들이 많이 다니는 가게에 놓아두었다. 잡지에 유료광고를 게재하고 라디오, TV 등의 지역 언론매체도 활용했다. 첫해에는 43명이 응모하여 서류 및 면접 심사를 거쳐 12명이 결정되었다.

현재 연 4회 연구회를 무료 개최하고 있다. 상품 진열방식이나 조명, 포장, 자금조달, 사업계획 수립 방법, 장부 기입 방법, 세무 지도까지 실무적인 내용으로 구성되어 있으며, 전문가가 꼼꼼히 지도해 주고 있다. 연구회 이외에도, 장사에 관한 고민거리를 들어주거나 조언을 해 주는 등 개별적 대응을 하는 세세한 지원 체제가 있다.

## 3. 커뮤니티 비즈니스 창업까지의 경위

협동조합 주오도오리 쇼에이카이의 사업부회에서 빈 점포에 대한 대책으로 임대료가 비싼 점포를 잘게 나누어 여러 명의 입점자를 입점시키는 방안을 검토 중이던 2000년 10월경, 청년부 여성들이 개인적으로 홍콩여행을 다녀왔다.

우연히 홍콩에서 방문하게 된 '시노 센터'(信和中心)와 '오리엔탈 188 쇼핑센터'(東方188商場)는 2~3평 규모의 작은 점포가 밀집해있는 쇼핑센터였다. 하나하나의 가게는 좁지만 개성적이고 활기가 넘쳤다. 평소에 주오도오리 상점가가 한적한 것을 마음에 걸려 했던 청년부 여성들은 몇 개월 후에 상점가가 주최한 여성포럼에서 홍콩에서 본 쇼핑센터의 아이디어를 제안했다.

1996년 12월 주오도오리 쇼에이카이의 사업부회에서 아이디어를 제안한 청년부 여성들과 도야마시 상공노정과(商工勞政課) 직원 2명도 출석해서 다음과 같이 의견을 정리했다. '빈 점포를 주오도오리 쇼에이카이의 사업부회에서 빌려 2~3평 규모로 나눈 후, 장사를 하고 싶은 사람들을 현 안팎에서 널리 모집한다. 계약기간을 정하여 싼 건물임대료를 내고 실제로 장사를 하면서 노하우를 배울 수 있는 '실험 점포'로 만든 것이다. 경영상 충고를 해주거나 세미나 등을 개최하여 주오도오리에도 새롭고 젊은 힘이 가세함으로써 서로 상승효과를 거둘 수 있도록 한다.'

현 운영협의회 회장인 사와이(澤井) 씨는 '지금까지의 상점가 활성화 사업은 일과성에 지나지 않았다. 프리크 포켓 사업은 빈 점포를 확실히 채우는 효과를 노렸다'고 한다. 이렇게 하여 '주오도오리 미니 챌린지 숍(mini challenge shop) 계획'은 태동했다.

1997년 4월에 운영협의회가 발족된 후, 사업 컨셉트를 공고히 하고 장소, 명칭, PR 방법 등에 대한 의견을 교환했다. '미니 챌린지 숍'은 상점가 중에서도 중심부에서 떨어져 있어 인적이 드물고 빈 점포가 많은 지하철 역 동쪽 개찰구 부근의, 한때 안경점이었던 점포를 활용하기로 했다. 이어서, 가게를 낼 사람을 모집하여 선발과정을 거친 12명이 입점하기로 결정되었다. 1997년 7월 5일에 개점하기까지 입점자와 운영협의회는 모임을 갖고, 공통 규정 만들기, 세미나, 광고활동, 개장(改裝)공사 등을 착착 진행시켰다. 로고 마크 디자인은 전문가에게 맡겼다.

### 4. 커뮤니티 비즈니스의 실제

응모자의 대부분이 도야마현 주민이었다. 그러나 첫해에는 요미우리(読売) 신문 전국판에 광고가 실린 적도 있었던 만큼, 드 명은 각각 I턴[9]과 U턴[10]을 한 경우였고, 한 명은 도쿄 거주자로 도야마시와는 관계없는 사람이었다. 인재 육성에 주안점을 두었기 때문에, 출신지는 묻지 않고 다양한 인재에게 문호를 개방하려는 취지로 운영되고 있다. 응모자 연령은 19세에서 30대 중반 사이로, 평균연령은 25세 정도이다.

입점 기간은 최대 1년이지만 10~11개월 후에 독립하는 사람도 적지 않다. 1997년 7월에 개점하여 1998년 5월에 첫 '졸업생'이 독립 개업을 하게 된다. 독립 개업의 경우, 주오도오리 쇼에이카이가 지원하는 경우도 있으나 자력으로 가게를 내는 경영자도 많다. '졸업생'이 개업하는 경우, 같은 상점가나 인접한 곳에서 가게를 내는 경우가 대부분이다.

---

[9] [역주] 원래 대도시 주민이 지방으로 이전
[10] [역주] 지방에 살던 주민이 대도시로 이주하였다가 다시 귀향

미니 챌린지숍에서 취급하는 상품은 가지각색이다. 그 중 대부분을 차지하는 것은 의류나 잡화다. 에스닉 제품이나 매니아적인(maniac) 물건 등 다양하고 개성 있는 물건을 취급하고 있다. 아시아 여러 나라나 남미에 몇 개월에 한 번씩 상품을 매입하러 가거나, 인터넷으로 상품을 매입하는 사람도 있다. 자신의 창작품을 만들어 파는 사람도 있다. 물건을 들여올 때 노하우가 있기 때문에 가격도 싸다. 홈페이지를 통한 판매도 병행하고 있다. 자신의 취향이 담긴 상품을 자신과 감성을 공유하는 사람에게 파는, 취미의 성격이 강한, 새로운 소매업 형태이다. 이제까지 인기 있었던 상품은 애니메이션의 셀룰로이드 화(畵),[11] 장난감(American toy) 등이다. 일반적으로 널리 팔리는 물건은 아니지만 마니아들에게는 안 사고는 못 배기는 상품인 것이다. 젊은이들에게는 이러한 점포들이 무리 지어 모여 있는 쇼핑센터가 재미있고 매력적인 존재로 비춰지는 듯하다.

'프리크 포켓'은 주오도오리 상점가에서는 떨어져 있다. 하지만 입간판을 상점가 안에 설치하거나 멀리서도 눈에 띄는 커다란 간판을 거는 등 '젊음' 넘치는 정보 발신력이 있다. 실제로 점포 디자인이나 가게의 분위기도 젊은 감각을 마음껏 발휘하고 있다. 가게 경영자는 남성이 많으나 손님은 10대 여성이 많다. 가게 안의 게시판에는 미처 다 붙일 수 없을 정도로 많은 메모가 붙여져 있다. 가게 주인과 손님이 한바탕 수다를 떠는 광경도 드물지 않게 볼 수 있다. '프리크 포켓'은 젊은이들의 정보 교류의 장이며, 아지트와 같은 존재이다.

놀이 감각을 가미한 자유로운 시도이지만 규칙은 철저히 지켜지도록 하고 있다. 예를 들면 지각은 엄격하게 단속한다. 1주씩 교대로 문단속

---

[11] [역주] 애니메이션을 제작할 때 사용하는 투명한 시트 위에 그려진 그림

당번이나 청소 당번을 맡도록 한다. 월요일에는 운영 연락회의가 있으며 출석은 의무다. 통제할 부분은 확실히 통제하고, 나머지는 자유에 맡기는 것이다.

### 5. 커뮤니티 비즈니스의 성과

대상을 젊은 층으로 한정하여 '무언가 해 보고 싶다'는 젊은이들의 마음을 사로잡았다. 그리고 이들이 사업에 참여할 계기를 마련해주었다. '무엇인가 해보고 싶다는 사람은 많이 있다. 그들에게 장벽을 어떻게 낮춰 줄 수 있을 것인가'를 고민하는 운영협의회 회장 사와이 씨의 말처럼 '프리크 포켓'의 시도는 무언가 해보고 싶다는 포부를 가진 젊은이들이 꿈을 실현시킬 수 있는 길을 제공해 주었다. 물론 중도에서 포기하는 젊은이도 있다.

그러나 주위의 지원을 받아 사업을 개시한 첫해부터 4년간 46개의 점포가 입점했고 그 중 27점포가 독립했다. 46개의 점포 중 현재는 11개의 점포가 영업 중이고, '졸업생' 중 70%가 독립개업을 하는 실적을 올렸다.

프리크 포켓 사업을 시작하기 전인 1997년에는 중앙상점가의 빈 점포 비율은 12.8%였다. 2000년 9월에는 빈 점포가 거의 없어졌고 점포가 비게 되도 금방 가게가 들어왔다. 앞으로는 독립적으로 개업하는 '졸업생'들이 점포를 확보하기가 힘들어질 정도이다. 상점가에는 통행량이 늘어났고, 거리에 활기가 돌아온 것도 큰 성과라 할 수 있다.

주변 통행량 조사 결과에 따르면 '프리크 포켓'이 가장된 이후, 전년대비 20% 이상 통행량이 증가했다고 한다. 이제까지 존재하지 않았던 새로운 상품이나 새로운 형태의 가게에 젊은이들이 몰리게 된 것이다. 그 영향 때문인지 상점가에는 프리크 포켓의 '졸업생'이 운영하는 점포가 아닌,

새로운 점포들이 젊은 층을 겨냥한 감각 있는 상품을 내놓으며 개점하기 시작했다.

광고를 많이 하지는 않았지만 전국 각지에서 취재 요청이 쇄도했고, 이것이 홍보효과로 연결되었다. 중소기업청, 쥬부 통산국(中部通産局), 일본상공회의소에서 취재를 나오기로 했고, 중소기업 및 상점가 관계자가 읽는 기관지에 게재된 적도 있다. 중소기업백서에도 사례가 소개되어 '챌린지 숍'이 보조금을 받을 수 있게 되었다.

실제로 나가오카(長岡), 고마쓰(小松), 욧카이치(四日布), 히로사키(弘前), 사가(佐賀) 등의 지역에서는 챌린지 숍을 설치할 계획을 세우고 있다. 도야마시 인근의 다카오카시(高岡市)에서는 1999년 여름부터 역 앞에 있는 건물 1층의 빈 공간을 이용한 '미니 챌린지 숍'이 열렸다. 이 곳은 상공회의소 주도로 실시되고 있다.

## 6. 커뮤니티 비즈니스의 성공요인과 향후 과제

우선 도전 정신이 왕성한 젊은이를 양성하는 데 주안점을 둔 것을 성공요인으로 들 수 있다. 팔고 싶은 것이 무엇인지 목적을 명확하게 해주고 계기를 제공했으며, 꿈을 실현하기까지의 장벽을 낮추는 체제를 잘 만들었다. 육성하고 독립시키는 데에 의미가 있으므로 독립 후에도 지원을 아끼지 않는다. 항상 젊은 인재를 육성한다는 자세다. '젊은 상인을 육성하여 젊은이들의 거리를 만든다'는 비전이 있었기에 실험적인 사업이 성공할 수 있었을 것이다.

보통 빈 점포 주인들은 여러 이유로 임대를 하지 않는 곳이 많지만 사와이 회장이 자신의 '얼굴'을 활용하여 점포 주인을 설득하고 임대료

인하 등의 교섭을 했다. 이렇게 사와이 회장과 운영협의회의 눈에 보이지 않는 후방지원도 사업을 성공으로 이끈 커다란 요인이 되었다.

참여하는 젊은이들은 실제 체험을 통해 장사의 노하우를 습득한다. 세미나나 개별상담 등의 교육도 있지만, 이 보다는 등료 간의 정보 교환과 선배들과의 네트워크가 크게 활용되고 있다. 자신들의 책임하에 일상적인 체험을 통해 실무 경험을 쌓는다. 이는 궁극적인 학습방법이라 할 수 있다.

손님으로 왔던 사람이 '프리크 포켓'에 가게를 냈다가 나중에 독립 개업한 경우도 있다. 프로는 아니지만 자신의 특기와 개성을 살려 열심히 일하는 입점자들을 보고 자극받아, '나도 할 수 있을지 모른다'는 의식이 생겼으리라. 주위 사람들의 의욕을 북돋아 참여자를 늘리는 뜻밖의 결과를 가져오게 된 것이다.

물론 자극을 받아 참여하는 사람이 늘어나도, 독립 개업을 하는 등 완전한 프로가 되는 길이 험난함에는 변함없다. '프리크 포켓'에서 장사를 하는 동안은 채산이 맞지 않아도 아직 괜찮은 '실험 기간'이지만, 독립을 하게 되면 상황은 완전히 달라진다. 독립을 하는 데에 불안감은 크다. 실험 기간 중에 어떻게 장래를 내다보고 진지하게 경영에 매달리는가가 과제일 것이다.

사와이 씨에 의하면 프리크 포켓은 '물건을 팔기에 앞서, 젊은이가 모이는 재미있는 장소'로 만든 것이 성공요인이라 한다. 예전의 도야마 시내에는 젊은이를 끌어들이는 가게나 장소가 적었던 것이다. 이렇게 하여, 종래 상점가에는 없는 젊은 층의 흐름이 생겼다. 그러나 아직, 오래전부터 상점가에 있던 점포들과 새로운 관계를 맺는 단계까지는 다다르지 못했다. 기존 점포와 공생하는 길을 모색하는 것이 향후 과제이다.

상점가 전체로 보면 젊은이들의 참여를 통해 새로운 '상점가 만들기', '마을 만들기'로 발전하는 방향성이 보였다. '프리크 포켓'에 현재 입점해 있는 사람들과 '졸업'하여 독립 개업한 젊은이들, 기존의 부인부, 청년부, 상점주(商店主)로 나누어 연간 6회 정도의 워크숍을 개최하고 여러 의견을 교환하고 있다. 신규 참여자인 젊은이들에게 평소 상점가에 대해 느낀 점이나 의견을 들어, 상점가 전체 운영에 반영하도록 하고 있다. 독립 개업하여 가게를 연 젊은이들이 상점가에 늘어나, 상점가 활동이나 이벤트 기획 등에서 활약할 날도 멀지 않았다. 젊은 창업자, 오래된 점포의 주인, 기존의 젊은 층 등이 하나가 되어 '마을 만들기'를 이끌어가는 역할을 할 것이 기대된다.

# 나라와(成岩) 스포츠클럽(아이치현 愛知県 한다시 半田市)

```
················ 커뮤니티 비즈니스의 개요 ················
주소: 아이치현(愛知県) 한다시(半田市)
사업 내용: 스포츠 프로그램 제공, 각종 이벤트 외
설립: 1996년 3월
사원: 운영이사회 24명
연간수입: 1,567만 엔 (1999년 결산)
```

## 1. 커뮤니티 비즈니스 개요

'나라와(成岩) 스포츠클럽'은 아이치현(愛知県)의 지다 반도(知多半島)에 있는 한다시(半田市) 나라와 지구에 있다. 한다시의 인구는 11만 명, 나라와 지구의 인구는 19,000명, 세대 수는 약 7,000세대다. 양조업이 지역의 산업으로 번성하고 있고, 다시(山車)[12] 마쓰리와 같은 전통문화 축제도 남아있다.

'나라와 스포츠클럽'은 지역주민들의 손에 의해 비영리로 운영되고 있는 지역에 근거한 스포츠클럽이다. 현재 나라와 스포츠클럽의 코디네이터인 사카키바라 다카히코(榊原孝彦) 씨의 '마을의 어린이들에게 활기를 돌려주고 싶다'는 소망에서 시작되어 1996년 3월에 발족했다.

나라와 스포츠클럽의 특징은 학교와 지역이 하나가 되어 만들어왔다는

---

[12] [역주] 축제 때 끌고 다니는 장식을 한 수레

표 11. '나라와 스포츠 클럽' 수지(收支) 상황(1999년도 결산)

| 수입(收入) 부문 | | 지출 부문 | |
|---|---|---|---|
| 조성금 (한다시) | 800,000 | 각 활동 부회 | 3,569,857엔 |
| 전년도 이월금 | 3,375,197 | 회의비 및 연수비 | 273,935엔 |
| 지역단체조성금 | 480,000 | 지도자 사례금*[1] | 3,506,000엔 |
| 입회금 및 회비 등 | 7,461,000 | 운영사무 및 조수 사례금*[2] | 960,000엔 |
| 협찬금 | 60,000 | 클럽 운영 경비 | 440,144엔 |
| 보험료 | 841,200 | 시설사용료 | 2,840,640엔 |
| 사업 위촉 사례금 | 2,380,000 | 클럽 하우스 비품 및 소모품 비용*[3] | 910,555엔 |
| 잡수입 | 278,792 | 보험료 | 841,200엔 |
| | | 그 외 | 229,355엔 |
| | | 차년도 이월금 | 2,104,503엔 |
| 합계 | 15,676,189엔 | 합계 | 15,676,189엔 |

*1)지도는 한 강좌 당 1,000엔
*2)사무원은 월 8만 엔
*3)클럽하우스는 중학교의 빈 교실을 이용. 학교에서 무상으로 빌리고 있다.

점이다. 학교시설을 지역 공유재산이라 생각하여, 열린 학교공간에 공동의 프로그램을 도입했다. 경험과 노하우가 있는 학교 선생님 등의 인적자원을 지역에서 널리 활용하고 있다. 스포츠클럽의 운영은 회원의 자원봉사 활동에 의해 지탱되고 있다. 회비와 수강료는 수익자 부담이고 주민은 자신에게 맞는 종목과 수준을 선택할 수 있다.

일상적인 활동과 운영에서는 5개 부회제(部會制)[13]를 취하고 있다. 스쿨 부회, 동아리 부회, 이벤트 부회, 홍보연수 부회, 의학 부회가 있다. 인쇄업자나 의사 등 다양한 직업을 가진 주민이 참여하여, 회원 하나하나가 갖고 있는 경험과 기술 같은 재산을 투여함으로써 스포츠클럽이 운영되는

---

[13] [역주] 부 단위의 모임

것이다.

나라와 스포츠클럽 회원은 2000년 12월 현재 2,700명으로 지역주민의 13~14%가 가입하였다. 스포츠 지도자 등의 자원봉사자는 약 120명이다. 회비는 입회금 2,000엔이며 한 세대당 연간 1만 엔과 보험료를 합친 것이 기본요금이다. 어른, 어린이 할 것 없이 같은 세대라면 몇 명이고, 몇 번이고 이용 가능하다. 지역에는 민간 스포츠클럽도 있지만 수영클럽이 중심이 되고 있기 때문에, 현재로서는 나라와 스포츠클럽과 경쟁할만한 곳은 없다.

## 2. 커뮤니티 비즈니스의 내용

나라와 스포츠클럽은 어린이부터 노인까지, 폭넓은 연령층이 참여할 수 있는 각종 스포츠 프로그램을 마련하고 있어 주민이 일상적으로 가볍게 스포츠를 즐길 수 있는 기회를 제공하고 있다. 초등학생이나 중학생들을 위하여 발달 단계에 맞춰 선택 가능한 스쿨 프로그램을 준비해, 이들도 무리 없이 운동을 즐길 수 있는 환경을 갖추고 있다.

'어린이들을 건강하고 건전하게 키우기'를 목표로, 스포츠를 통해 가족이 어린이를 지원하는 체제다. 어린이가 회원이 되면 부모도 지원자의 입장으로 클럽에 참여한다. 부모들은 시합이나 이벤트에서 응원이 운영 자원봉사 등의 활동을 통해 클럽을 강력하게 지원하고 있다.

1995년부터 1998년까지 3년간, 나라와 스포츠클럽은 문부성(文部省)[14]

---

[14] [역주] 교육, 문화, 학술 등에 관련된 행정업무를 담당하는 일본의 행정기관, 현재는 '문부과학성'

나라와 스포츠 클럽

의 '종합 지역 스포츠클럽' 모델사업으로 지정되었다. 모델사업이 되기 위한 인정조건은 ① 지역주민이 자주적으로 운영한다, ② 거점 시설이 있다, ③ 복수의 스포츠 활동을 실시한다, ④ 자격증을 가진 스포츠 지도자가 배치되어 있다, ⑤ 청소년에서 고령자까지 폭넓은 연령층이 참여한다, ⑥ 지역주민들이 교류하는 장이 있다, 등이며, 잠재 스포츠 인구의 발굴이나 풍요로운 '커뮤니티 만들기'에 기여하는 사업으로 되어있다.

나라와 스포츠클럽에서는 여러 종류의 스포츠 종목을 제공한다. 축구, 야구, 배구, 탁구, 배드민턴, 소프트볼, 핸드볼, 유도, 검도, 농구, 소림사 권법, 소프트 테니스, 수영, 풋볼, 소프트 발리볼(soft volley ball), 라지볼(large ball) 탁구 등이 있다.

이 외에도 산 걷기, 스키 등 계절에 따른 이벤트나 최신기구를 이용한 건강검진, 건강상담 등의 서비스도 충실히 하고 있다. 또 나라와 스포츠클럽에서는 지도자를 '코치'라 불러, 그들의 자질을 높이는 데에도 힘을 쏟고 있다.

## 3. 커뮤니티 비즈니스 창업까지의 경위

지역 스포츠 현장에서는 저출산 경향과 학구(學區) 편성 등의 환경변화로 인해 회원 부족으로 고민하는 스포츠팀이 늘어났다. 어린이 지역 스포츠 활동의 독특한 현상으로서, 중학교 스포츠 동아리에 들어가면 지역과는 무관해지는 문제도 있었다.

한편, 나라와 지구에 있는 나라와 중학교는 '주 5일제 학교'가 시행되기 전에 '열린 학교 만들기'에 착수했다. '열린 학교'란 단순히 학교시설을 개방할 뿐만 아니라, 학생들이 생활하는 장소를 지역사회에 개방하는 것이다. 따라서 주말에는 학생이 가정이나 학교에서 주체성을 갖고 생활할 수 있도록 지나치게 엄격한 학교 부(部)[15] 활동 방식을 재검토하여, 학생의 생활 전반을 여유 있는 방향으로 바꾸고자 했다.

나라와 지구에는 30여 년 전부터 '나라와 지구 어린이를 지키는 모임(成岩地区少年を守る会)'이 있었다. '어린이를 지키는 모임'은 학교, PTA(Parent Teachers Association), 구청장, 공민관장(公民館長), 주임아동위원과 부인회, 노인회 등 지역의 여러 단체로 구성되어있다. '어린이를 지키는 모임'은 단체를 활성화시킬 겸, '나라와 스포츠 타운 구상' 4개년 계획을 세워 1994년 6월에 발표했다. 지역과 학교가 함께 스포츠 활동을 축으로 하여 어린이의 건전 육성을 도모한다는 내용이다.

'나라와 스포츠 타운 구상'하에 스포츠 타운 사업부회를 설치하여 1994년 11월에 제1회 '나라와 스포츠 페스티벌'을 개최했다. 여기서 지역주민들에게 문제를 제기하고, 지역 전체의 스포츠 활동이라는 생각을 확산시

---

[15] [역주] 동아리

표 12. 창업까지의 경위

| 1994년도 | 스포츠 타운 구상 제기 |
|---|---|
| 6월 | '나라와 지구 어린이 보호회' 총회에서 '나라와 스포츠 타운 구상'을 발표 |
| 11월 | '제1회 나라와 스포츠 페스티발' 개최 |
| 1995년도 | 동아리 활동과 사회 체육의 정합성 |
| 7월 | 나라와 지구에서 스포츠 지도자 공모 시작 |
| 9월 | 한다시 교육위원회 요청에 의해 '나라와 지구 어린이 보호회'가 문부성 '종합형 지역 스포츠클럽 육성 모델 사업'의 추진 모체가 됨 |
| 10월 | '나라와 스포츠클럽 지도자 연맹 발족 준비회' 개최 |
| 11월 | '제2회 나라와 스포츠 페스티발' 개최 |
| 12월 | 중학생을 대상으로 한 종목별 사회교육 클럽을 순차적으로 만듬. 건강체력 상담사업 개시 |
| 1996년 1월 | 나라와 지구 어린이 보호회에 '나라와 스포츠클럽 설립 준비 위원회'를 설치 |
| 3월 | '나라와 스포츠클럽 설립 총회'를 개최. 나라와 스포츠클럽의 회원 모집 개시. |

컸다.

그즈음, 코디네이터인 사카키바라 씨와 '어린이를 지키는 모임'의 중진 회원인 사사키(佐々木) 씨는 스포츠 지도자들을 찾아다니며 사업의 취지를 설명하고 협력을 요청했다. 이는 '개인으로서 개인에게 협력을 요청하는' 형태를 띠고 있었다. 스포츠 지도자 단체는 대부분의 경우 상부 단체에 소속되어있다. 단체를 통해 요청하는 편이 수월하지만, 그런 방식으로는 '얼굴'이 보이지 않는다. "머리를 숙여 요청하러 왔구나. 이 사람을 도와줘야지, 하는 관계가 중요한 것이다. 직접 말로 하지 않으면 뜻이 전달되지 않는다"고 사카키바라 씨는 말한다.

당초 예산은 고작 50만 엔 정도밖에 없었다. 그 범위 안에서 해결을 해보자는 것이 사카키바라 씨의 생각이었다. 그러던 중, 운 좋게 문부성의 '종합 지역 스포츠클럽 모델 사업'에서 연간 1,300만 엔을 상한선으로 하여

3년에 걸쳐, 정부와 지자체로부터 반씩 보조금을 받을 수 있다는 사실을 알게 되었다. 그때부터 지역 스포츠 클럽 사업 구상을 부풀려 나갔다.

당시 교장이었던 가토(加藤) 씨의 열의에 찬 설득 덕분에 나라와 중학교의 동아리 활동은 '전원 참가제'에서 '희망자 참가제'로 바뀌었다. 동아리 활동은 평일 3일간으로 한정하고 주말에는 어린이들이 가정이나 지역에서 보낼 수 있도록 했다. 교사들에게 지역활동에 참여하기를 적극적으로 권장한 결과, 교사들도 개인 자격으로 나라와 스포츠 클럽 활동에 적극 참여하게 되었다.

당초 회원이 몇 명 모일지는 전혀 알 수 없었다. 1995년 3월에 설립총회를 가진 후, 매주 설명회를 열고 회원을 모집했다. 부모와 자녀가 동반하도록 하여 회장이 '나라와 스포츠 타운 구상'의 경위를 설명하고, 교장이 학교의 입장과 나라와 스포츠 타운의 필요성을 설명했다. 주민에게 회비를 징수한다는 것도 말했으나, 예상과 달리 반대는 없었다.

### 4. 커뮤니티 비즈니스의 실제

나라와 스포츠클럽의 활동 거점이 되고 있는 중학교의 체육관과 운동장은 학교장의 권한으로 무료로 빌리고 있다. 운영에 관련된 수입은 1999년에 약 1,560만 엔이다. 한다시(半田市)에서 80만 엔의 보조금이 지원되고 있으며 회원에게서 걷은 회비 750만 엔이 수입의 절반을 차지하고 있다. 지출 중 가장 큰 부분을 차지하고 있는 것은 지도자에게 지급하는 사례금 약 350만 엔, 한다시에 지불하는 체육시설 사용료 280만 엔이다. 한다시 체육관 수입의 3분의 1을 나라와 스포츠클럽에서 지불하고 있다.

하계와 동계에 각각 한 번씩 개최되는 스포츠 이벤트에는 비회원도 참가할 수 있으나, 스키와 같이 인기가 좋은 이벤트에는 회원에 한정하여 모집하고 있다. 그 외에도 소프트볼 대회나 그라운드 골프(ground golf) 대회 등 월 평균 1회 정도의 빈도로 스포츠 이벤트를 개최하고 있다. 그라운드 골프대회에는 동네의 할아버지, 할머니들이 참가한다. 참가비는 100엔 이나 200엔 정도다. 참가비는 참가상이라는 형태로 되돌려주지만, 참가비를 조금이라도 받는 것은 주민의 참가의식을 높이기 위해서다.

이사 및 운영조직위원 24명이 원칙적으로는 무급으로 활동하고 있다. 사무국에는 월 8만 엔을 받는 위촉 사무원이 한 명 있다. 클럽하우스에는 관리자가 있고 사무국에는 자원봉사자도 있다. 노인과 주부가 중심이 되어 자발적인 참여를 하고 있다. 이벤트를 할 때는 자원봉사자가 많이 모인다. 도움을 청하면 참여해 주는 사람은 많다.

## 5. 커뮤니티 비즈니스의 성과

1997년에 노후화된 나라와 중학교의 체육관 재건축 계획이 대폭 변경되었다. 나라와 스포츠클럽의 이사장을 포함한 나라와 지구의 대표자들이 이 기회에 지역 스포츠 활동의 거점이 되는 스포츠 센터를 설립해 달라고 한다시에 요청했기 때문이다.

그해 가을, 한다시는 당초의 계획을 백지화하고 '나라와 스포츠 센터(가칭)'를 만든다는 새로운 계획을 세웠다. 2000년 8월에 '설계 워크숍'을 개최하여 지역 주민들의 의견을 듣는 장을 마련했고 그해 가을에 기본 계획을 완성했다. 건물 규모는 마루면적 5,300$m^2$, 시설 건설비는 10억 엔으로 상정했고, 2003년 3월 완성될 예정이다. 전국에서 드물게 지역 주민이 합심하여 만든 스포츠 시설·클럽 하우스가 탄생하게 된 것이다.

클럽 하우스에는 운동을 마친 후, '한 잔 할 수 있는' 바와 운동을 하지 않는 사람도 가볍게 입장할 수 있는 온천시설이 생길 예정이다.

나라와 스포츠클럽에서 스포츠 지도나 운영을 하고 있는 사람들에게 '왜 이런 활동에 참여하고 있는지'를 물으면 '평소의 자신과는 다른 또 하나의 자신을 표현할 수 있다'는 점을 강조하고 있다. 클럽과 관계를 맺음으로써 자신의 생활에 활력이 되는 듯하다.

코디네이터 사카키바라 씨는 주민들과 함께 재미있는 어린이들이 많은 마을을 만들어 나가는 것이 '마을 만들기'로 이어진다고 강조한다. 지역의 의사, 인쇄업자, 스님, 변호사 등 다양한 사람들의 역량을 함께 모으면 훌륭한 교육 역량을 발휘할 수 있다.

새로운 시도인 만큼, 클럽 운영이 쉬운 것은 아니다. 운영 관련자들은 말다툼이 생길 정도로 격렬하게 의견을 교환하곤 한다. 그러나 그들은 적극적이고 긍정적이다. '꿈이 있는 사람만이 꿈이 있는 마을을 만들 수 있다. 그리고 꿈이 있는 마을만이 꿈이 있는 어린이들을 길러 낼 수 있다.'라는 것이 나라와 스포츠클럽 운영 관련자들의 신조. 이들은 항상 미래지향적이다. 어른들의 꿈과 행동이 차세대의 어린이들을 길러내고 지역의 정체성을 키워나갈 수 있다. '나라와'의 지명도는 전국적으로 부쩍 높아져, 시찰단이 끊임없이 방문한다고 한다. 이에 대해 마을사람들은 자부심을 갖지 않을까?

## 6. 커뮤니티 비즈니스의 성공요인과 향후 과제

무엇보다도 열정을 가지고 스포츠클럽 형성을 추진한 사카키바라 씨의 존재가 가장 큰 성공 요인이라 할 수 있다. 그의 활동에 공감하고 함께 활동을 뒷받침한 지역 주민들의 존재 또한 큰 성공 요인으로 꼽을 수 있다. 문부성의 공적인 보조금을 활용한 것도 시기적절했다.

자세히 들여다보면, 몇 가지 성공요인이 더 있다. 중장기적인 관점에서 단계를 밟아가는 현실적인 계획을 수립했다는 점이다. 실제로 매주 열리는 주민 설명회, 지도자 한 사람 한 사람에 대한 협력의뢰, 각 스포츠 단체와의 이해조정 등, 끈기가 필요한 일들을 착실히 진행시켜 나간 것이 성공 배경이라 할 수 있다. 또한 활동의 기본이념을 갖고 공통의 목표로서 다른 사람들과 시선을 맞추는 데도 마음을 쓰고 있다. 행동을 할 때는 너무 많은 생각을 하지 않는다. 생각하는 것보다 행동하는 것을 우선시하고 있다. 스포츠클럽 활동에서 시설은 없어서는 안 될 것이다. 그러나 한다시는 나라와 스포츠클럽에게만 특별히 시설을 임대할 수는 없다는 입장이었다. 이에 몇 번이고 거듭해서 요망서를 제출한 결과, 나라와 스포츠클럽이 우선예약을 하여 사용할 수 있는 권리를 쟁취하게 되었다.

현재 나라와 스포츠클럽은 한다시 체육관의 휴관일에 자주 관리로 이용하고 있다. 나라와 스포츠클럽은 누구나 회원이 될 수 있는 공익적인 사업이다. 행정당국이 이를 인정하고, 시설 면 등에서 지원을 하는 것이 향후의 과제다. 규칙이나 조례를 바꿔서라도 지원을 해 주려는 행정 당국의 자세가 필요하다.

한다시에서는 나라와 지구 이외의 중학교구에서도 스포츠클럽을 만들어 서로 연계시킬 계획을 갖고 있다. 나라와 스포츠클럽이 그 중심적인 역할을 맡게 될 것이다. 나라와 스포츠클럽에서는 NPO법인 자격을 취득하여 지자체로부터 시설 관리 및 운영을 위탁받을 수 있는 체제를 정비할 예정이다. 법인화함으로써 측면을 단단히 하려고 한다. 특히 경영 측면을 단단히 하려고 한다.

앞으로의 과제는 보조금에 의지하지 않는 체질을 만들 것과, 정보를 유통시키는 일이다. 지금은 정보가 필요한 곳에 충분히 전달되지 않고 있다. 같은 뜻을 가진 사람들과 함께 사업을 전국적으로 네트워크화하는 것도 과제다. 나라와 스포츠클럽은 2001년 1월에 홈페이지(www.narawa-sportsclub.gr.jp)를 개설하여 새로운 기반을 다지고 있다.

## 종장

커뮤니티 비즈니스에 거는 기대와 전망

지금까지 커뮤니티 비즈니스의 의의와 그 배경, 그리고 '마을 만들기'와의 관계, 각 주체의 역할에 대한 설명, 지역경영에 있어서의 시책전망, 실천사례의 분석 등에 대해 서술했다. 마지막으로, 새로운 21세기에 커뮤니티 비즈니스에 거는 기대와 전망에 대해 이야기해 보겠다. 〔질문자는 동북산업활성화((財)東北産業活性化)센터의 무라야마 마사 이치로('村山雅一郞) 씨이다.〕


## 1. 커뮤니티 비즈니스의 의의

■ 질문자: 현재 경기 회복의 조짐을 보이고는 있지만, 실업률은 여전히 높고 지역사회는 여러 가지 문제를 안고 있습니다. 지역경제 침체에 더하여, 중심 상점가는 공동화되어 가고, 청년층의 외부유출로 인해 인구 과소화 현상이 나타나고 있습니다. 이러한 정체 상황 속에서 새로운 지역 활성화 대책으로 '커뮤니티 비즈니스'가 주목받고 있습니다.

　　호소우치 씨는 『커뮤니티 비즈니스』라는 저서에서, 앞으로 '생산자 중심'에서 '생활자 중심'사회로 전환할 필요가 있으며 이에 커뮤니티 비즈니스가 중요한 역할을 할 것이라 서술하고 있습니다. 오늘은 커뮤니티 비즈니스의 역할 및 효과, 그리고 커뮤니티 비즈니스를 육성시키기 위해서는 무엇이 필요한가에 대하여 이야기를 듣고 싶습니다. 우선, 커뮤니티 비즈니스의 개념 및 의의를 어떻게 이해해야 할지 여쭙겠습니다.

□ 호소우치: 지금은 사회경제 구조가 변화하려는 시점이므로 '커뮤니티 비즈니스'라는 용어는 여러 가지 측면에서 설명할 수 있습니다. 주부에게 이야기할 때에는 '생활 비즈니스'라는 단어를 쓰고 있고, 어린이들에게는 '마을에 도움이 되는 일'이라 설명하고 있습니다. 마을이란 개념은 환경이나 자연, 그리고 거기에 살고 있는 인간까지를 모두 포함하고 있습니다. 마을에 도움이 된다는 것은 그 마을의 환경에 부담을 주지 않는다는 것입니다. 대기업 이외에도 자신들 주변에 일할 장소, 즉 마을에 도움이 되는 일자리가 존재한다는 사실을 어머니들과 아이들이 인식하기를 바라는 것입니다.

20세기 후반까지는 사회에서 직장과 거주지가 분리되어 있었습니다. 따라서 대량 운송과 뉴타운 개발이 이루어진 것입니다. 21세기에는 개인이 삶을 즐긴다는 관점에서 볼 때, 직주일체형(職住一體型) 및 직주근접형(職住近接型)의 업무방식과 생활방식을 중시하는 가치관으로 바뀔 것입니다. 도쿄를 예로 들자면, 통근자는 뉴타운에서 1시간에서 1시간 반 정도를 들여 도심까지 출근을 했습니다만, 이런 통근방식을 따르지 않아도 되는 새로운 형태의 일자리를 만들어야 합니다.

자신에게 맞는 일자리를 자기가 살고 있는 곳에 만드는 것이 커뮤니티 비즈니스의 특징 중 하나이며, 의의라고 생각합니다. 커뮤니티 비즈니스는 생활비즈니스라고도 합니다. 생활비즈니스란 생활을 지원하는 비즈니스입니다. 또한 그 지역에 살고 있는 사람들이 지역의 과제를 해결하거나 생활의 질을 향상시키는 일에 비즈니스의 관점을 도입하여 기여하는 것입니다. 자신들의 생활을 어떻게 자신의 손에 되찾는가 하는 것이 키워드로서, 커뮤니티 비즈니스란 주체적으로 '자신의 눈높이에 맞춘' 삶의 방식, 일하는 방식을 만들어 간다는 의미를 내포하고 있습니다.

■ 질문자: 분명 지금까지는 직주일체형, 직주근접형의 업무방식이나 생활 방식은 불가능했습니다. 도시로 이사를 가거나, 도시에 있는 학교에서 공부를 하고 그대로 도시에서 취직을 하여 사는 경우가 많았죠. 어쩔 수 없는 부분도 있었지만 말입니다.

□ 호소우치: 또 하나 우리가 생각해보아야 할 문제가 있습니다. 20세기에는 효율성과 생산성을 추구한 결과, 지역에서 활용되지 못한 자원이 많이 남아있습니다. 특히 인재 활용이 그러합니다. 대학을 나왔지만 일자리가 없는 사람도 있습니다. 기업에서 지역사회로 돌려보낸 아버지들도 많이 생겼고, 주부들 중에서도 일을 하고 싶지만 자녀가 학교에 다니고 있기 때문에 10시부터 2시까지만 일을 할 수 있는 경우가 있을 것입니다. 기업에서 일자리를 구하려면 9시부터 5시까지 일하지 않으면 안 되기 때문에 주부들은 기업에서 일자리를 구할 수 없습니다. 이처럼 일자리를 원하지만 일을 할 수 없는 사람들이 지역에는 많이 있습니다.

그리고 지역에는 활용하지 못하고 있는 유휴시설과 땅이 있습니다. 이런 것들을 어떻게 사용할 것인가에 대해 지역 주민이 지혜를 모으거나, 새로운 업무방식을 구축하여 지역의 자원을 활용해 나가야 합니다. 지역에 없는 것은 IT기술을 이용한 정보를 통해, 외부에서 들여 올 수도 있습니다. 커뮤니티 비즈니스는 척박한 땅에서도 얼마든지 성공할 수 있다는 것입니다. 지역 안에서 자원봉사 활동의 지속성과 신뢰성을 구축하기 위해서는 비즈니스적인 관점을 도입해야 합니다.

예를 들면, 인구가 4,000명뿐인 인구밀도가 낮은 마을이 있다고 칩시다. 그럴 경우 커뮤니티 비즈니스를 펼칠 때, 지역에 잠들어 있는 자원은 적지만 IT기술을 이용하여 부족한 자원을 끌어들일 수 있는 것입니다. 고속 철도나 비행기를 이용하면 도시와 인구 과소지역이 간단하게 교류할 수 있고, IT가 그러한 커뮤니케이션을 용이하게 합니다.

부족한 것에는 새로운 의미를 부여함으로써 사람이나 정보를 끌어들일 수 있습니다. 나는 인구가 적다고 해서 사업에 필요한 재료가 부족하다고 생각지는 않습니다.

## 2. 커뮤니티를 이해하기 위한 네 개의 축

■ 질문자: 그런데 '커뮤니티'라고 하는 것은 이해할 수 있을 듯하면서도 이해하기 어려운 개념입니다. 고지엔(広辞苑)을 보면 '일정 지역에 거주하고 있는 비슷한 의식과 감정을 갖는 집단 지역사회'라 정의하고 있습니다. '커뮤니티 비즈니스'의 경우에는 '커뮤니티'라는 개념을 어떻게 이해해야 할까요.

□ 호소우치: 우리는 8년 전부터 미국의 사회학자 맥키버의 '커뮤니티론'을 연구했습니다. 커뮤니티 개념은 다양해서, 일본의 사례까지 포함하여 80여 가지가 있다고 합니다.

결론부터 말하자면, IT기술이 발달함에 따라 '커뮤니티'라는 개념의 범위가 넓어졌다고 생각합니다. '실제 커뮤니티'와 '가상 커뮤니티', 그리고 '글로벌 비즈니스'와 '커뮤니티 비즈니스'라는 네 개의 축을 통해, '커뮤니티'에서의 비즈니스 형태를 파악할 필요가 있습니다. 그에 따라 커뮤니티의 형태가 달라지는 것입니다. 이 네 개의 축 안에서 지역을 어떻게 경영할 것인지가 논점의 핵심이며, 따라서 이 네 개의 축을 파악하는 것이 매우 중요합니다.

■ 질문자: 95년 1월에 발생한 한신-아와지 대진재(阪神·淡路大震災) 이후, 자원봉사활동이 정착함으로써 커뮤니티의 역할 및 기능을 재인식하게 되었고, 그 결과 NPO법이 성립되었습니다. 지역 커뮤니티의 현재 상황

과 지금 커뮤니티 비즈니스가 주목되고 있는 배경 및 필연성 등에 대해서도 말씀해 주십시오.

▫ 호소우치: 역시 직장과 주거의 분리가 가장 큰 이유일 것입니다. 특히 전후에 대량 운송기관의 발달로, 기업은 일하는 곳을 따로 만들어 잠자리와 일터가 분리된 형태가 된 것입니다. 그 결과 회사 커뮤니티는 남았지만, 자신이 살고 있는 지역 커뮤니티가 쇠퇴하게 된 것입니다.

지금 일본에서 봉급생활자는 전체 근로자의 80% 정도이고, 이들에게는 기업 커뮤니티가 중심이 되고 있습니다. 좀 전에도 이야기했지만, 앞으로는 '직주일체형, 직주근접형'으로 일하는 방식이 바뀌어 갈 것입니다. 대기업에서 일하던 사람들이 자신의 출신지로 돌아와, '자신에게 맞는' 비즈니스를 전개합니다. 종래의 기업사회 커뮤니티는 형태가 바뀔 수밖에 없을 것입니다.

지금까지 지역 서비스는 지자체에서 제공해 왔습니다. 따라서 주민은 문제해결을 위해서 지자체에 진정서를 내거나, 요청을 하는 입장이었습니다. 또한 대기업이 제공하는 상품과 서비스를 구입했습니다. 정부와 대기업, 이 두 부문이 일본사회와 우리의 생활환경을 만들어온 것입니다. 아시다시피 고성장 경제에서 저성장·성숙화 상태로 변화되면, 정부와 대기업만으로는 주민의 세세한 요구에 부응하기에 역부족입니다. 따라서 주민이 자신들의 생활 속에서 자원 봉사활동과 더불어 경제행위를 영위해 나감에 있어서도, 작은 단위를 만들어 갑니다. 이렇게 다수의 작은 단위들이 지역에서 네트워크를 형성함으로써 지역의 역량이 커지게 되는 것입니다.

## 3. 커뮤니티 비즈니스의 사업영역과 평가

■ 질문자: 분명 행정당국의 서비스는 재정 면에서 한계가 있고, 기업은 이익 및 생산성 추구가 제일의 목표이므로 가치관이 다양해진 지역문제를 해결하는 데는 한계가 있습니다. 커뮤니티 비즈니스는 지역주민이 주체가 되어, 경제적 관점을 갖고 지역의 문제 및 과제를 해결해나가는 수단일 뿐만 아니라 지역 주민의 생활수단이 되고 있습니다. 지역 활성화가 되는 것이죠.

따라서 커뮤니티 비즈니스는 지역 주민 밀착형이고, 그 영역은 넓다고 생각합니다. 커뮤니티 비즈니스의 사업영역, 그리고 종래의 중소기업 및 지역 토착기업과의 관계는 어떻게 되는 것일까요?

□ 호소우치: 커뮤니티 비즈니스는 생활비즈니스입니다. 따라서 저는 복지, 환경, 정보, 관광 및 교류, 식품가공, 마을 만들기, 상점가의 활성화, 전통공예, 안전, 지역금융의 10분야를 책정하여 '얼굴이 보이는 관계'를 바탕으로 지역 커뮤니티에서 소규모 비즈니스를 일으킬 것을 제안하고 있습니다. 지금까지는 커뮤니티 비즈니스라는 개념을 확산시키기 위해 그 의미를 넓게 잡았지만, 중소기업 사람들에게는 그 개념을 명확히 하지 않으면 오해를 불러일으킬 수 있다고 생각합니다.

예를 들면 어떤 중소기업을 커뮤니티 비즈니스의 관점에서 평가할 때, 그 기준으로 '인간성 회복과 사회성의 측면', '경제기반으로서 지역의 관점을 포함하고 있는가'하는 지표를 제시하고 있습니다. 〈표 1〉 중소기업을 지원할 때에는 때때로 그 사업의 '선진성'을 살펴 볼 필요가 있다고 생각합니다. 예를 들면 '제공하고 있는 재화나 서비스가 새로운 생활을 제안하고 있는가', '업무방식과 역할분담, 네트워크 등 조직의 형태에 새로운 제안을 하고 있는가', '자금의 조달에 있어서 새로운

표 1. 지원대상 후보기업에 대한 커뮤니티 비즈니스로서의 적합성 평가(예)

| 평가항목 | 중요도 |
|---|---|
| I. 커뮤니티 비즈니스로서의 평가 | |
|   1. 인간성회복의 관점 | |
|     • 개인의 사정에 맞추어 일할 수 있다. | ◎ |
|     • 삶의 보람, 일의 보람 창출과 연결된다. | ◎ |
|   2. 사회성 | |
|     • 지역커뮤니티가 껴안은 사회문제에 대한 대응을 한다. | △ |
|     • 지역 내에 주민, 행정, 기업 등의 협찬 및 후원 등이 있다. | △ |
|   3. 경제기반의 확립 | |
|     (1) 자본 | |
|       • (당사자 이외의) 지역 내 자본참여가 있다. | ◎ |
|       • 지역 내의 자원을 사용하고 있다. | ◎ |
|     (2) 시장성 | |
|       • 적정한 가격으로 재화와 서비스를 제공한다. | ◎ |
|       • 가능한 고객의 상황에 맞추어 세세한 서비스를 제공한다. | ◎ |
|     (3) 이윤 | |
|       • 개인한테 배분하는 것보다 사업의 계속성과 지역커뮤니티와의 관계를 중시하고, 사업에 재투자를 도모한다. | ◎ |
|       • 과도한 이윤추구를 하지 않는다. | ◎ |
|     (4) 고용 | |
|       • 지역 내 인재를 고용하고 있다. | ○ |
|       • 여성, 구조조정 당한 인재, 고령자 등 사회적 약자를 적극적으로 고용하고 있다. | ○ |
| II. 지원 대상으로 할 경우의 평가 | |
|   1. 사업의 선진성(先進性) | |
|     • 제공하고 있는 재화 및 서비스가 새로운 생활제안을 포함하고 있다. | ◎ |
|     • 업무방식이나 역할분담, 네트워크 등 조직의 형태에 새로운 제안을 하고 있다. | ◎ |
|     • 자금의 조달 방법 등, 사업의 틀에 있어서 선진성이 있다. | ◎ |
|   2. 인터미디어리가 지닌 사업전략과 적합성 | |
|     • 인터미디어리가 생각하는 커뮤니티 비즈니스 10개의 영역에 대응하고 있다. | ◎ |
| 평가(◎3점, ○2점, △1점) | |

연구를 했는가' 등 입니다.

시민 주도로 자금을 모집하는 방법은 여러 가지가 있습니다. 시민채권을 발행하거나 건설 쿠폰을 발행하는 형태로 '얼굴이 보이는 관계'하에서 돈을 모으거나 하는 방법이 있습니다. 그런 사업에 선진성이 있는가, 그리고 자신의 눈높이에 맞춰 '얼굴이 보이는 관계' 속에서 자율적인 경제 구조로 변혁시킬 수 있는가를 따져보는 시점이 중요하다고 생각합니다.

지역의 곤란한 문제를 해결하여 생활의 질을 높이려는 사람들의 욕구를 재인식하고, 자신의 핵심 역량에 가까운 영역을 발견하여 키워나간다. 이것이 중소기업이 커뮤니티 비즈니스로 변화하는 하나의 키가 될 것이라 생각합니다. 이를 위해서는 앞에도 말했듯이, '온라인 커뮤니티'와 '오프라인 커뮤니티'의 양측이 제휴하고 연대해야 합니다. 동료를 네트워크화하는 것이 중요합니다.

최근 예전의 상점가를 부흥시키려는 움직임이 있습니다. 또한 상점가가 지역의 생활지원사업체로 변해가는 움직임도 있습니다. 예를 들면 아모르토와는 도쿄의 JR 카메아리(亀有)역 옆에 있는 토와긴자(東和銀座) 상점가가 중심이 되어 설립한 주식회사로, 커뮤니티 비즈니스 성공사례 중 하나라고 생각합니다.

상점가의 진흥조합은 규제가 있으므로 지역 외부에서 영리활동을 하기는 어렵습니다. 따라서 지역 내에서 생활 지원형의 비즈니스로 탈바꿈하려 한 것입니다. 당초에는 주변에 도립병원이 생긴 것을 계기로 그 안에 매점으로 입점하려 했습니다. 하지만 현재는 병원 내에서 매점 및 레스토랑의 경영 이외에도, 지역의 복지공사에서 위탁받은 노인을 위한 도시락 택배나 쇼핑센터의 판매시설 운영, 초등학교 급식사업에 인재파견 등을 하고 있습니다. 지역에 밀착된 형태의 아모르토와는 종업원에게 급료를 지불하고 있으며 주주배당도 하고 임원에게 보수도 주고 있습니다. 커뮤니티 비즈니스로서 훌륭한 사례라 할 수 있습니다.

## 4. 커뮤니티 비즈니스의 발전 과정

■ 질문자: 자신들의 지역이나 마을을 어떤 식으로 만들어 가는가, 지역 역량을 어떻게 키우는가 하는 문제는 커다란 이슈가 되고 있습니다. 그런데 해외에서 커뮤니티 비즈니스는 어떻게 형성되고 발전되어 왔나요?

ㅁ 호소우치: 예전에는 미국이나 영국에서도 쇠퇴한 커뮤니티를 재생하기 위해 노력했습니다. 미국의 경우에는 1960년대의 공민권운동 이래로, 영국에서는 70년대 후반부터 영국병이 시작된 이래로 주민들이 새로운 법률을 만들면서 자신들도 지역 경영을 적극적으로 계획하고 에 참여하려는 움직임으로 시민운동을 일으켰고, 지금과 같은 지역밀착의 움직임이 생겼습니다.

1980년대부터 구미에서는 커뮤니티 재생을 위하여 커뮤니티에 비즈니스적인 관점을 도입하였습니다. 주민이 주체가 되어 행정기관과 대기업이 지원하는 틀이 생기고, 합동 벤처가 생겨나서 지역 안에 새로운 순환형 경제가 태동했습니다. 그 기반이 되는 것은 주민이 주체가 된 시민 창업이나 커뮤니티 비즈니스라 불리는 마이크로 비즈니스 입니다. 그들도 커뮤니티 비즈니스를 형성하는 데 20~30년이 걸린 것입니다. 일본에서도 98년 12월에 NPO법이 시행되었습니다만 앞으로 10~20년에 걸쳐 일본에 맞는 지역경영의 형태를 만들어 나가야 한다고 생각합니다.

영국에서는 커뮤니티 비즈니스가 존속하는 비율이 30%대입니다.

이렇게 높은 확률로 살아남을 수 있는 것은 '틀'이 존재하고 지역에 그 '틀'의 지지층이 존재하기 때문입니다. 예를 들면 커뮤니티 비즈니스에 투자를 하는 사람들을 들 수 있습니다. 또 행정당국도 청소사업과 공공시설의 경비사업 등의 업무를 커뮤니티 비즈니스에 위탁합니다. 동시에 지역 안에서 사업을 세네 개 조합하여, 예를 들면 청소사업이나 경비사업 등을 조합하여 수지를 맞추는 방법을 취하고 있습니다. 개별 사업이 아닌 전체사업에서 흑자를 유도하는 방식으로 위험을 분산시키고 있는 것입니다.

■ 질문자: 에도(江戶)시대에는 '유이'(結)[1]나 '고'(講)[2] 등의 커뮤니티가 있어서 자원 순환형 사회가 생성되었다고 합니다. 그러나 전후에는 경제의 재생 및 확대를 목표로 해 왔습니다. 지금이 바로 에도 시대의 전통을 되돌아 볼 전환점이 아닐까요?

▢ 호소우치: 에도 시대나 메이지(明治)시대로 돌아갈 것이 아니라, 우리 선조들의 상호부조의 틀을 IT기술을 활용하여 21세기에 맞는 형태로 고쳐나가야 합니다. 함께 일을 하며 새로운 사회 환경을 만드는 것에 대해 재고해 볼 필요가 있습니다.

    창업에는 실패의 위험이 따르기 마련입니다. 한 명의 지혜보다는 3~4명의 지혜를 합쳐서 창업하는 편이 성공률이 높아집니다. 이와 같이 지역에서 생활을 만들고, 서로 지탱하는 틀을 만들어서 자신들의 생업을 만듭니다. 혼자서도 할 수 있고 몇 명이 함께 해도 좋은 것입니다.

■ 질문자: 커뮤니티 비즈니스는 어떤 과정을 거쳐서 비즈니스로 성장해가는 것입니까?

---

[1] [역주] 일종의 품앗이
[2] [역주] 일종의 계

**표 2. 커뮤니티 비즈니스 모델**

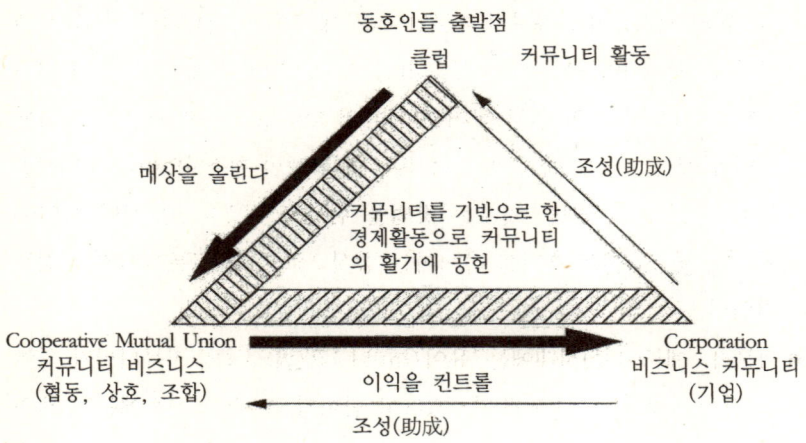

ㅁ 호소우치: 지역에서 뜻을 같이하는 사람들이 지역의 어려운 문제를 인식합니다. 예를 들면 우리 마을에 어려움이 닥칠지 모른다는 위기의식을 가진 사람이 모여, 대책을 강구해보려 하는 것입니다. 나가노현(長野縣)의 '쇼가와 마을'이란 회사는 농촌의 피폐에 대한 대책, 아모르토와의 경우에는 상점가의 쇠퇴에 대한 대책을 강구했습니다.

이러한 경우에는 처음부터 비즈니스로 접근하기보다는 지역 활동으로부터 시작하는 편이 성공률이 높다고 생각합니다. 물론 처음부터 회사를 만들어 무언가를 이루려 해도 상관은 없습니다. 시가현(滋賀縣)의 나가하마시(長浜市)의 '검은 벽'이 그러합니다. 전통적으로는 클럽이 생기고, 이것이 코퍼레이티브(협동, 조합)가 되고 결국 회사가 되는 패턴이었습니다. 그러나 각각 지역의 수요에 따라 클럽 형태나 코퍼레이티브 형태로 머물러 있어도 되는 것입니다.(표 2)

종래의 주식회사는 영리추구가 제일 목표였습니다. 어떤 의미에서 보면, 이전에는 영리 활동은 돈벌이, 자원봉사활동은 공짜였죠. 하지만 그 중간 형태의 새로운 업무방식을 만들어 나가고자 하는 것이 커뮤니티 비즈니스의 또 하나의 목적입니다.


## 5. NPO는 커뮤니티 비즈니스의 한 형태

■ 질문자: NPO가 법인 자격을 취득함으로써 사회에서 받아들이기가 쉬워 졌습니다. 그러나 법인 자격을 취득했다고는 해도 세제(稅制) 면에서나 경제적으로 어떠한 이점이 있는지 아직 명확하지 않습니다. 앞으로 NPO는 마을부흥 활동이나 복지, 간병 분야 등, 커뮤니티 비즈니스의 활동주체로서 커다란 역할을 하게 될 것이라 기대되는데요.

▫ 호소우치: 커뮤니티 비즈니스의 역할 중 하나는 새로운 고용 창출입니다. 종래에는 대기업을 유치하여 다수의 종업원을 고용하는 형태였습니다. 하지만, 그러한 방법은 더 이상 통용되지 않습니다. 앞으로는 자신들이 살고 있는 곳에서 활용하지 못하는 자원을 잘 조합하여 부족한 부분은 IT기술을 통해 보완하고, 새로운 소규모 사업을 만들어야 합니다. 커뮤니티 비즈니스를 만들 때 'NPO의 법인 자격'은 효과적인 수단이 될 수 있을 것입니다.

엄밀히 말하면 영국에서는 커뮤니티 비즈니스 사업체를 '커뮤니티 협동조합'이라고 명명하고 있습니다. 지역사회의 주민들이 1파운드씩 내고 회원이 됩니다. 이러한 사업체는 쇠퇴한 커뮤니티가 잃어버린, 생활에 필요한 서비스를 비즈니스화 시킨 것입니다.

이러한 경우에 '소셜 엔터프라이즈(사회적 기업)'라는 개념이 등장하는 것입니다. 일본의 NPO는 비영리 단체임을 명확히 하고 있습니다.

유럽의 유한회사는 일본에서 말하는 NPO, 즉 자선사업으로 등록을 하고 있습니다만, 최근 생긴 커뮤니티 비즈니스적인 기업을 '소셜 엔터프라이즈'라고 하며, 예컨대 학교나 병원을 설립할 때 출자해 준 사람들에게 수익이 생겼을 때 어느 정도 환원해 주는 경우가 생겨났습니다. 미국에서는 세법상 완전히 비영리 조직으로 규정하고 있지만, 유럽의 경우에는 사회적 기업으로 자리매김하여, 이익을 분배하지 않는다는 것에 그다지 구애되지 않는 곳이 생겼습니다.

유럽형 사회적 기업이란 위치를 생각할 때, 경우에 따라서는 유한회사나 주식회사의 형태를 띠는 '마을 만들기 회사'에 세제를 우대해 주어도 좋을 것입니다. 큰 마을의 경우에는 '마을 만들기 회사'를 주식회사 형태로 운영하고 있으므로, 어느 정도 공익성 있는 사업체를 제 삼자 기관이 인정하여 세제우대를 해 줄 필요가 있지 않을까요? 이익을 배분하지 않는다는 것에 대해서도 크게 구애받지 않는 편이 좋을 것입니다. 이러한 다양성이 장래 일본에 필요하다고 생각합니다.

## 6. 커뮤니티 비즈니스의 성공요인

■ 질문자: 커뮤니티 비즈니스를 성공시키기 위해서는 사업체의 기업전략과 비즈니스 전략이 중요하다고 생각합니다만, 이 점에 대해서는 어떻게 생각하시는지요?

□ 호소우치: 지금 일본에서 일종의 커뮤니티 비즈니스 붐이 일고 있습니다만, 다음 두 가지 점에서 유의해야 합니다. 첫째는, 설립 단계에서 그다음 단계로 발전시키기 위해서는 비용에 대한 의식을 가져야 한다는 점입니다. 둘째는, 어느 정도 시도 기간을 정하여 실패하였을 경우에는 철퇴를

생각해볼 필요가 있다는 점입니다.

커뮤니티 비즈니스를 설립하는 사람에게 나는 이렇게 충고합니다. 예를 들어 산간지역의 농가 주민에게는 원재료는 공짜라는 의식을 버리고 비용의식을 가지라고 말입니다. 인건비도 무한정 공짜라는 의식은 버려야 합니다. 즉 원재료비와 인건비가 어느 정도 드는지 사업성을 꿰뚫어 봐야 합니다. 채산성에 근거하여 비용의식을 가지는 것이 중요합니다. 그리고 원재료와 인건비를 파악한 후에, 생산가가 원가를 밑돌지 않도록 가격 설정을 해야 합니다.

그리고 두 번째로, 사업을 평생 지속하겠다는 생각을 버려야 합니다. 우선 3년간 기간을 정하여 결과가 좋지 않으면 그만두겠다는 목표를 처음부터 상정해 두는 것입니다. 영국의 커뮤니티 비즈니스는 처음에 두 개 정도의 사업으로 시작합니다. 3년간 사업을 진행시켜보고 실패하면 사업을 철퇴하던가 다른 민간 회사에 매각합니다. 그리하여 종합적으로 채산을 냅니다. 관리자가 의사결정을 하지만 최종 의사결정은 커뮤니티 협동조합의 이사회나 총회에서 합니다. 총회, 이사회는 관리자를 고용하고 존속시키는 결정권을 지고 있습니다. 이러한 구조로 사업이 돌아가고 있는 것입니다.

앞으로 지역의 역량을 높이기 위해서는 지역의 커뮤니티 비즈니스를 키워야 합니다. 대기업이 지역 주민이 창업한 사업체에 아웃소싱하는 경우도 있지만, 지자체도 과도하게 떠맡은 일들을 아웃소싱합니다. 그리하여 지역의 역량이 커지면 그 이익이 세금의 형태르 지역 주민 자신에게 돌아오게 됩니다. 따라서 지역 주민이 일으키는 커뮤니티 비즈니스를 육성할 수 있는 안목을 가졌으면 합니다.

■ 질문자: 구체적으로 커뮤니티 비즈니스를 성공시키기 위해서는 리더의 역할이 중요하다고 생각합니다. 마케팅이나 자금조달 등 전문적인 지식

과 경험이 필요할 것입니다. 지역주민이 의지와 정열이 있다고 하더라도 이를 이끌어나갈 리더가 없으면 비즈니스로 발전할 수 없지 않을까요.
ㅁ 호소우치: 지역이 부유하다면 비즈니스 형태로 만들지 않아도 괜찮다고 생각합니다. NPO법인 자격을 취득하여 자원봉사 활동을 지속하는 것도 좋고, NPO법인 자격으로 수익사업을 해도 좋을 것입니다.

커뮤니티 비즈니스를 성공시키기 위한 한 가지 요인은, 관리자와 노동자를 구분하고, 관리자를 공모(公募)형태로 뽑는 것입니다. 영국 등지의 커뮤니티 비즈니스의 경우에는 지역주민이 아닌 전문가를 관리자로 공모하고 있습니다. 미국의 NPO에도 전문 관리자의 인재시장이 있다는 것도 간과할 수 없습니다. 일본에는 조직체가 리더의 영향력에 의해 좌우되는 경향이 강합니다. 이를 구미(歐美)와 같은 구조로 만들어 나가야 합니다. 지금 일본에는 커뮤니티 비즈니스나 NPO도 지역의 특정인에 의존하지 않고 사업이 성립할 수 있는 구조가 필요합니다.

예전에 유후인(湯布院)에서는 관광협회의 사무국장을 공모한 적이 있습니다. 상공회의소나 관광협회에서도 관리급을 공모합니다. 대기업의 중장년층 중에서 사업 매니지먼트를 잘하는 사람을 공모하여 고용하는 것입니다. 실패하는 경우도 있지만, 공모의 회수를 점점 늘려감에 따라 경험이 축적되었습니다. 제3섹터에서도 관리자를 공모하는 것이 좋을 것입니다. 관리자 시장이 생김으로 인하여 그 인재들이 움직이기 시작합니다. 영국이나 미국에서도 NPO나 커뮤니티 비즈니스에서 공모를 함으로써 관리자급 시장이 생겨나게 된 것입니다. 경우에 따라서는 공무원이 관리자가 되었다가 다시 공무원으로 복귀해도 좋고, 학교 선생님이나 회사원이 관리자가 되도 좋습니다. 그러한 유동성 있는 인재시장을 만드는 것이 중요합니다.

이를 위해서는 현존하는 취업관례를 바꾸어 나가야 합니다. 가정은

'집안의 기둥'인 아버지의 수입에 의존하는 경우가 많고, 아버지들은 한 회사의 취업 규칙에 메여있습니다. 또 직장을 옮겨도, 연금 같은 것은 개인이 갖고 옮겨 갈 수 있는 사회구조로 조금씩 바꾸어 나가야 합니다.

## 7. 중간지원기관의 설립을

■ 질문자: 인재확보의 문제가 나와서 말입니다만, 호소우치 씨가 중심이 되어 '커뮤니티 비즈니스 네트워크'라는 조직을 설립하여 스미다구(墨田區)에서 커뮤니티 비즈니스 지원활동을 하고 계십니다. 중간 지원기관은 더욱 정비되어야 한다고 생각합니다만.

□ 호소우치: 그것도 민간을 기반으로 하면 좋겠지요. 저는 '커뮤니티 비즈니스 네트워크'에서 활동하고 있는데 스미다구(墨田區)를 고른 이유는 직주일체(職主一体)형, 근접(近接)형이기 때문입니다. 자녀들이 돌아오면 아버지의 뒷모습과, 어머니의 모습을 볼 수 있습니다. 또한 샐러리맨이나 공장에서 일하는 사람, 씨름꾼, 장인 등 다양한 직업을 가진 사람들이 있습니다. 그러한 다양성이 있는 지역에 강한 힘이 있다고 할까, 생물체로서의 지역의 역량과 생명력이 있는 것입니다. 스미다구(墨田區)는 사회개발을 하는 무대로서 최고의 무대라고 생각합니다.

우리가 스미다구(墨田區)에서 펼치고 있는 'SOHO for Mothers'(표 3) 어머니들을 위한 창업지원 계획안입니다. 우리는 지역의 씨앗, 즉 일하고 싶지만 일을 할 수 없는 어머니들에게 홈페이지 만들기 강습을 하여, 1년간 40명이 수강했습니다. 지역의 씨앗을 갈고 닦아 지역의 수요에 연결시키는 역할을 한 것입니다. 이런 역할이 민간주도로 이루어

표 3. SOHO for Mothers의 발상

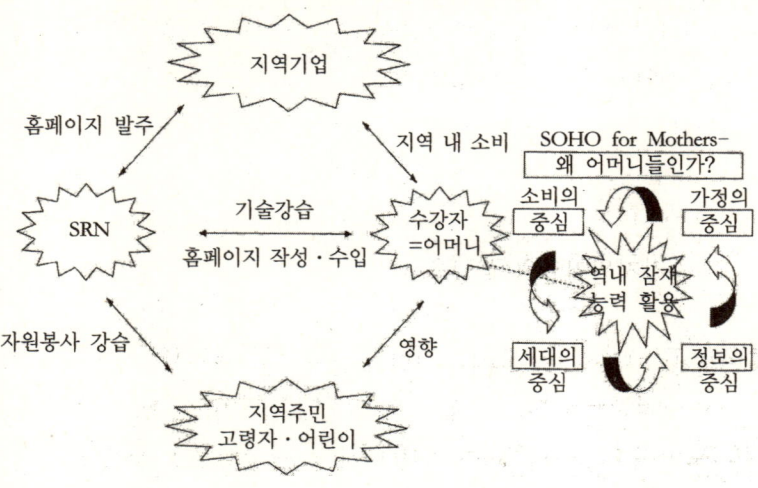

지면 지역 안에서 업무 공유라는 활력이 생길 것이라 생각합니다.
　이제까지는 연결(매칭) 기능을 정부가 담당해 왔고, 주민은 거기에 기댄 측면도 큽니다. 그러나 정부는 재정적으로 점점 힘들어지고 있습니다. 그 부분을 민간이 중립적으로 움직일 수 있는 기능을 지역사회에 만들어 갑니다. 지역 커뮤니티가 쇠퇴해 감에 따라 여러 가지 사회 문제가 발생했습니다만, 사회 문제를 해결하는 하나의 수단은 커뮤니티를 재생시키는 것입니다. 살기 좋고, 생활하기 편하게 만드는 것입니다. 그 수단으로 민간이 주체가 된 커뮤니티 비즈니스와 중간 지원기관을 만들어갈 필요가 있습니다.
　정부도 창업지원 자금과 이를 위한 트레이닝을 준비하는 것도 중요하지만, 더 중요한 것은 업무를 마련, 즉 업무위탁이라 할 수 있습니다. 'SOHO for Mothers'의 어머니들에게 저는 2~3년간 할 일을 마련해 주었습니다. 홈페이지를 만드는 일이었습니다만, 이 홈페이지는 몇 번이나 업그레이드되었습니다. 그렇게 함으로써 어머니들도 기술이 늘어가고, 3년이 지난 지금은 3명이 한팀이 되어 직접 지역의 중소기업에 취재하러 갑니다. 지금까지 지역사회의 일을 몰랐지만, 이런 곳에 우산가게가 있다, 빵 가게가 있다는 것과 같이 지역에서 어떤 가게가 있는지 알게 되는 것입니다. 그런 것이 새로운 커뮤니티를 만들어가는 데 중요하다고 생각합니다.

■ 질문자: 커뮤니티에서 '얼굴이 보이는 관계'가 생겨나는 것이군요.
□ 호소우치: 그렇습니다. 그리고 지역 안에는 생산 현장이 없으면 안 되지요. 뉴타운에는 생산 현장이 없는 경우가 많습니다. 직주일체(職主一体)가 될 수 없는 것입니다. 지금 뉴타운에서도 커뮤니티 비즈니스를 통해 생산 현장을 형성하려는 움직임이 일고 있습니다.

다마(多摩) 뉴타운에 NPO·FUSION 나가이케(長池)라는 네트워크가 있습니다만, 지역 내에서 주택 관리업무를 주민주체의 NPO가 수익사업으로 운영하거나, 보육원에서 나온 음식물쓰레기를 주변의 목장과 제휴하여 가공하여 비료로 팔려는 계획이 있습니다. '폼포코'는 생산 현장을 가진 NPO 법인의 수익사업으로 커뮤니티 비즈니스를 운영하고 있는 것입니다.


## 8. 자금이 지역 내에서 순환하는 시스템

■ 질문자: 경제적으로 쇠퇴한 커뮤니티의 특징 중 하나는 자금이 지역 내에서 순환하지 않고 지역 밖으로 유출되어버리기 때문이라고 합니다. 자금이 지역에서 순환해야 지역사회의 경제력이 생긴다고 생각합니다만, 이에 대해서 효과적인 대책이 있을까요.

ㅁ 호소우치: 지역의 역량을 키우기 위해서 지역 내부에서 커뮤니티 비즈니스, LETS(지역통화), 자원봉사 활동이 새로운 지역 경제구조를 만듭니다. 지역 내에서 통용하는 또 하나의 통화, 즉 자신들이 만드는 재화·서비스의 교환 시스템을 LETS(Local Exchange System)라고 합니다. 캐나다의 커뮤니티 운동으로부터 시작된 LETS는 최근에 영국에서 급속도로 보급되고 있습니다. LETS는 지역 커뮤니티의 멤버에 의해 지역 내부에서만 시행되기 때문에 지역 외부로 유출되는 일이 없습니다.

종래 엔화로만 묶여있던 경제구조가 상이한 체제 서로를 지원하는 체제로 바뀌면, 지역사회에서 '얼굴이 보이는 관계' 속에서 신용, 새로운 품앗이가 부활하는 것입니다. LETS를 시행할 때에는 IT를 사용합니다. 비공개로 하고 있지만, 홈페이지 상에서 우리도 '스미다 머니'라는 것을 어머니들과 실험하고 있습니다.

LETS의 기능은 다음과 같습니다. 예를 들어, 대기업에서 퇴직하고 돌아온 사람이 정원사가 되고 싶다고 합시다. 그럴 때 훈련도 되는 것입니다. 협상에 의해 인건비가 정해지기 때문에 '저는 아직 견습공이기 때문에 싼값으로 일을 할 수 있습니다.'라고 할 수 있습니다. LETS에 참여하여 엔화를 쓰지 않기 때문에, 수입은 없어도 이웃 정원의 가지치기나 풀베기를 해주어, 이웃을 기쁘게 해 줄 수 있습니다. 연금만으로도 생활하면서 독신인 정원사의 집안 청소나 세탁을 다른 LETS 참여자가 해 줄 수도 있습니다.

지역통화로 자원봉사 활동을 활용할 수 있는 상호부조의 틀이 마련되면, 연금이 100만 엔이라도 생활하기 편한 사회가 될 것이라 생각합니다.

LETS의 규모는 만 명 정도가 되면 익명사회가 되어 여러 가지 문제점이 발생합니다. 2,000~3,000명 정도가 되는 경우도 있지만, 6명에서 1,000명 사이가 이상적인 규모라고 생각합니다.

## 9. 커뮤니티 비즈니스가 '새로운 사회 문제'를 초래하다.

■ 질문자: 21세기에 커뮤니티 비즈니스가 일으키는 효과, 커뮤니티를 창조하기 위한 효과는 어떻게 정리할 수 있을까요.

□ 호소우치: 첫째로, 주민이 자신들의 지역을 생각하게 되는 일입니다. 둘째로는 자신들이 삶의 방식을 생각하게 되는 일입니다. 지금은 삶이 돈으로 전부 해결이 되며, 아이들에게 돈을 주면 생활의 틀이 전부 마련된다고 생각합니다. 이를 돈을 쓰지 않고 자신이 생활을 구성하는 형태를 되돌리는 것입니다.

세 번째로, 쇠퇴한 커뮤니티의 재생입니다. 옆집 사람 얼굴도 모르는 세태에서 벗어나, 새로운 사회관계·함께 일하는 관계를 만듭니다. 이를 위해서는 자원봉사도 중요하지만 조금이나마 돈이 되어, 어느 정도 시간이 있는 중장년층의 생업이 되도록 하는 것입니다. 지역에서 어려운 문제에 대해 처음에는 자원봉사 활동으로 시작할지도 모르고, 경우에 따라서는 바로 비즈니스로 해결하려 할지도 모릅니다. 그때 문제인식을 지닌 사람 한 명이 나섬으로 인해 사회관계와 함께 일하는 관계가 형성됩니다. 이것이 새로운 의미의 지역 활성화입니다. 이전과 같이 큰 공장을 세우고 그곳에서 종업원을 끌어 모으는 것이 아니라, 문제의식을 지닌 한 명이 지역에서부터 활동을 시작합니다. 함께 만들고 함께 해결하는 것이 커뮤니티 비즈니스의 특징입니다.

지자체에는 더 이상 재원이 없습니다. 따라서 돈이 들지 않는 방법을 생각할 수밖에 없습니다. 지역에 있는 사람이 자원이 되는 것입니다. 인재를 활성화시키면 새로운 사회관계·함께 일하는 관계·창업관계를 형성하는 됩니다. 커뮤니티 비즈니스를 통하여 지역 주민이 한뜻으로 땀을 흘리고 지혜를 모읍니다. 부족한 인재나 자원은 IT로 외부에서 들여오면 됩니다. 다만 협의(狹義)의 비즈니스로 받아들이면 큰 효과를 거둘 수 없겠지요. 중요한 것은 하나의 키워드로서 '커뮤니티 비즈니스'를 받아들여 지역의 역량을 키워나가는 일입니다. 정리해고 당한 사람들도 포함하여 지역에서 활용하지 못하고 있는 인재들의 활동의 장, 지역을 재생시켜야 합니다. 돈만을 위해 아득바득 일하는 것이 아닌, 보람을 가지고 활기차게 사는 것입니다.

지금은 지구규모의 지역간 경쟁이 시작되었습니다. 지역 간 경쟁과 동시에 연대가 필요해 졌습니다. 주민이 주체가 된 커뮤니티 비즈니스를 네트워크화하여 타지역과 연대해 나갑니다. 그렇게 함으로써 주체성을 가지고 자신들의 '마을 만들기'에 참획(참여하고 기획)할 수가 있습니다. 또한 '정부·토착기업·주민'이 지역경영의 관점에서 지역 역량을 어떻게 키워나갈 수 있는지 인식할 수 있는 것입니다. 그리고 새로운 경제구조로서 커뮤니티 산업을 만들어 나갈 필요가 있다고 생각합니다.

즉 '대경쟁'과 '상호부조'를 공존시키는 지역사회를 만들지 않으면 안 됩니다. 상호부조의 틀을 부활시키기 위해서는 커뮤니티가 없으면 불가능합니다. 그렇다고 해서, '얼굴이 보이는 관계'에 묶여 있는, 과거와 같이 딱딱한 인간관계가 아니라 열린 형태의 새로운 커뮤니티를 만들 필요가 있습니다. 종래 일본에 존재하던 '결'(結), '강'(講), '좌'(座) 등의 상호부조 관계를 기반으로, 최신 정보기술이나 매니지먼트 방법을 도입합니다. 부족한 자원은 외부에서 도입하면 됩니다. 인재를 데려오거나 초청하여 새로운 커뮤니티를 만듭니다. 이러한 커뮤니티 비즈니스는 지역 커뮤니티의 역동성을 낳는 기본 단위가 될 것입니다.

(2005년 5월 11일에 구단회관에서 수록한 것을 가필하여 구성)

## 역자후기

지난 겨우내 함께 했던 『지역사회를 건강하게 만드는 커뮤니티 비즈니스』를 드디어 세상에 내놓게 되었습니다. 첫 번역서가 마무리되었다는 기쁨보다는 번역의 부족함으로 인해 독자의 이해에 어려움이 있지 않을까 하는 두려움이 앞서는 것도 사실입니다.

번역하는 과정에서 원서의 내용에 충실하면서도 일본과 '마을 만들기'에 대한 사전지식이 없는 독자도 쉽게 읽을 수 있어야 한다는 것을 항상 염두에 두었습니다. 따라서 원서의 내용으로 설명이 부족하다고 생각되는 부분은 '옮긴이 주'를 추가하였으며, 일본어 본래의 뜻을 최대한 살리면서도 한국어 표현이 어색하지 않도록 여러 번 퇴고의 과정을 반복하였습니다.

이 책은 '커뮤니티 비즈니스'에 대한 설명과 성공 사례를 통해 '지역사회를 건강하게 하는' 지혜를 전달하고 있습니다. 도시화와 산업화 과정에서 생명력을 잃은 지역사회가 지역주민의 필요를 파악하고 그 안에서 새로운 사업을 찾아내는 방법, 지역 내에서의 사업 운영 방법, 지자체와 기업의 연대 방법 등을 알기 쉽게 설명하고 있어서 '마을 만들기' 담당의 지역공무원은 물론, 지방자치회·상공업자·지역주민 등 지역에 관련된 사람들 모두에게 필독서라고 할 수 있습니다. 특히 중장년층의 회사원, 퇴직자, 주부, 비정규직 종사자 등 '창업'을 생각하는 사람에게 용기와 희망을 주기를 바라 마지않습니다.

    이 책을 번역하면서, 아니, 이 책을 읽는 하나의 독자로서 저는 점점 우리의 머리 속에서 잊혀지고 있는 우리의 '마을'에 대하여 생각하게 되었습니다. 불과 얼마 전까지만 해도, 동네 어른이나 어린이 할 것 없이 서로 친근하게 말을 걸곤 했던 것 같습니다. 하지만 '이웃사촌'이라는 단어가 점점 낯설게 느껴지는 것은 저만의 느낌일까요?

    그동안 우리는 너무 '국가'로 대표되는 거대 담론에 치중하거나, '나' 혹은 '우리 가족'의 울타리 안에 함몰되어 주변을 돌아보는 여유를 잊고 살았는지 모릅니다. 일본뿐만 아니라, 한국에서도 '커뮤니티 비즈니스'는 우리의 마을에 활기와 인간미를 되살려 주는 촉매제가 될 수 있을 것이라 생각합니다. 이렇게 '건강해진 마을'은 원자화하는 개인들을 다시 묶어주는 끈이 될 것입니다.

    우리의 마을에 '희망'을 심는 과정에 동참할 기회를 주신 '희망 제작소' 측과, 번역 과정에서 많은 지도와 독려를 해주신 한영혜 교수님께 감사드립니다.

■ 글의 발표지 및 수록지

본서는 다음과 같은 기존 발표 논문, 강연록에 대폭 가필, 수정하여 구성되었다.

1. 호소우치 노부다카 강연록 「커뮤니티 워크, 커뮤니티 비즈니스란 무엇인가」(「コミュニティワーク、コミュニティ・ビジネスって何?」), 도쿄 마이코프 워커즈 연락회, 1999년 9월.
2. 호소우치 노부다카·기무라 마사키 「새로운 산업진흥책인 커뮤니티 비즈니스의 현장과 가능성」(新しい産業振興としてのコミュニティ・ビジネスの現状と可能性), 「지방자치직원 연수」 2000년 3월, 공직연.
3. 호소우치 노부다카·기무라 마사키 「지역재생을 향한 커뮤니티 비즈니스의 대처」(地域再生への向けたコミュニティ・ビジネスの取り組み), 「TOYONAKA 비전 22」 2000년 3월, 도요나카 시정 연구소.
4. ㈜일건설 주최 제152회 도시경영 포럼 호소우치 노부다카 강연록, 「마을 만들기와 커뮤니티 비즈니스」(まちづくりとコミュニティ・ビジネス), 2000년 9월.
5. 호소우치 노부다카 강연록 대담 「커뮤니티 비즈니스에 관하여」(コミュニティ・ビジネスについて細内信孝講演録 対談), 「아이빅터 정보 50호」 2000년 6월, (재)동북산업활성화 센터.
6. 호수우치 노부다카 「21세기 지역의 산업 진흥 시책의 방법론~커뮤니티 비즈니스가 펼치는 여는 지역경영」(21世紀の地域における産業振興施策のあり方~コミュニティ・ビジネスが拓く新しい地域経営), 「월간 자치포럼 Vol. 495」 2000년 12월, 제일법규출판.
7. 호소우치 노부다카 권두 「커뮤니티 비즈니스 창조와 커뮤니티 비즈니스의 상호부조가 공존하는 지역경영으로」(コミュニティ創造とコミュニティ・ビジネスへの相互扶助が共存する地域経営へ), 「SOCIAL MARKETING Newsletter 제5호」 2000년 12월, 하쿠호도 소셜 마케팅 연구회.

8. 기무라 마사키「지방전기사업자의인적자원 전략~지역·종업원·기업에 이득을 주는 '인재 은행'구상」(地方電気事業者の人的資源戦略~地域·従業員·企業にメリットをもたらす "人材バンク" 構想), 게이오대학원 관리연구과 학위수여 논문, 2000년 3월)

■ 참고문헌

1. 호소우치 노부다카『커뮤니티 비즈니스』(コミュニティ·ビジネス), 쥬오대학 출판부, 1999년.
2. 호소우치 노부다카 감수·저『저출산 고령화 사회를 지탱하는 시민 창업』(少子高齢化社会を支える市民起業), 일본단파방송, 1999년.
3. 호소우치 노부다카·기무라 마사키「커뮤니티 비즈니스가 여는 새로운 지역경제」(コミュニティ·ビジネスが拓く新しい地域経済),「신신」2000년 4월호, 교세이.
4. 호소우치 노부다카·기무라 마사키「마을을 건강하게 하는 커뮤니티 비즈니스」(まちを元気にするコミュニティ·ビジネス),「시가현의 경제와 사회」2000년 여름호, 시가 종합연구소).
5. 호소우치 노부다카·기무라 마사키「커뮤니티 비즈니스에 의한 고용 창출책」(コミュニティ·ビジネスによる雇用創出策),「지방재무」2000년 7월호, 교세이.
6. 호소우치 노부다·기무라 마사키「커뮤니티 비즈니스는 마을에 도움이 되는 일」(コミュニティ·ビジネスはまちにやさしい仕事),「조사일보」1999년 5월호, 홋카이도 도호쿠 개발공고(현 일본 정책투자은행).
7. 호소우치 노부다카·기무라 마사키「커뮤니티 비즈니스의 맹아와 장래성」(コミュニティ·ビジネスの芽生えと将来性),「여가연구회 계간 로아딜」1999년 가을호, 재단법인 여가개발센터(현 재단법인 자유시간 디자인 협회).
8. 호소우치 노부다카·기무라 마사키「커뮤니티 비즈니스의 현상과 장래성」(コミュ

ニティ・ビジネスの現状と将来性), 「동북개발연구」 2000년 가을호, 재난법인 동북개발연구센터.
9. 다카하시 슌스케 『지적 자본의 매니지먼트』(知的資本のマネジメント), 다이아몬드사, 1998년.
10. 히사쓰네 게이이치 『능률수첩으로 그리는 비즈니스 자기 역사』(能率手帳でえがくビジネス自分史), 일본능률협회 매니지먼트 센터, 1999년.

〈저자 소개〉

### 호소우치 노부타카 '서장, 제1장, 제4장, 종장'
커뮤니티 비즈니스의 제창자. 1957년 출생. 현재 커뮤니티 비즈니스 네트워크 이사장, 커뮤니티 비즈니스 종합연구소 소장, 사이타마(埼玉) 여자 단기대학 객원교수, 릿교(立教)대학 대학원 강사.
커뮤니티 비즈니스의 실적연구의 장으로, 미타카시(三鷹市) 상공진흥대책 심의회 위원, 경제산업성 시민벤처사업 추진위원, 경제산업성 환경 커뮤니티 비즈니스 사업 추진 위원, 국사교통성 지역만들기 전략연구회 위원 등을 역임.

### 기무라 마사키 '제2장, 제3장, 제5장 제1절'
1971년 출생. 현재 동북전력주식회사 경리부 재무팀 근무, 커뮤니티 비즈니스 네트워크운영위원. 1994년 게이오(慶応義塾)대학 경제학부 졸업. 동북전력 주식회사에 입사, 니가타 영업소 근무를 거쳐, 1998년 게이오대학 대학원 경영관리 연구과에 유학. 2000년 동대학원 수료 후, 현직. 전문영역은 지역경영인적자원 전략공익사업론.

### 스나가 가즈히사 '제5장 제2절'
1960년 출생. 현재 주식회사 계획기술 연구소 대표이사, 커뮤니티 비즈니스 네트워크 부이사장. 저서로 '마을 만들기' 키워드 사전(공저, 학예출판사), 영국의 도시재생 전략(공저, 풍토사), 시민을 위한 '마을 만들기' 가이드(공저, 학예출판사)가 있다.

### 다케무라 유키마사 '제5장 제3절'
1954년 출생. 현재 유한회사 스미다 리버사이드 네트 대표이사, 커뮤니티 비즈니스 네트워크 운영위원. 와세다대학 대학원 졸. 1991년, 음식점 경영과 동시에 타업종 교류활동에 참여, 1996년 연구회 유지의 공동출자에 의해 유한회사 스미다 리버사이트 네트를 설립. 1998년 커뮤니티 비즈니스 네트워크(CBN)와 공동으로 네트워크 살롱을 개설, 지역 활성화 프로그램 SOHO for Mothers 개시.

### 사이토 치카라 '제5장 제4절'
1971년 출생. 현재 주식회사 계획기술연구소 소원, 커뮤니티 비즈니스 네트워크 운영위원. 1996년, 니가타 대학 대학원 공학연구과 석사과정 수료. 같은 해 4월부터 현직. 도시계획, 주민참여 '마을 만들기'에 종사.

**마츠자와 준코** '제5장 제5절~제7절'

1962년 출생. 현재 재단법인 자유시간 디자인 협회(구 재단법인 여가개발 부문) 부주임 연구원, 커뮤니티 비즈니스 네트워크 회원. 1986년 와세다대학 제1문학부 졸업 후, 여가개발 부문 입소. 자유시간 정책, 문화산업 등의 조사연구를 담당, 현재 커뮤니티 비즈니스, 사회성 여가 등 주민이 참여하는 지역 만들기에 관한 조사연구 실시 중. 1996년부터 가노야(鹿屋)체육대학 생애 스포츠학 강좌 객원조교수 역임. 주민주도운영의 지역스포츠 클럽 만들기를 지원하는 NPO법인 클럽 네트의 부이사장 역임.

희망제작소 뿌리총서 4  희망제작소 The Hope Institute

## 지역사회를 건강하게 만드는 커뮤니티 비즈니스
인간성 회복과 자율적인 지역사회 만들기

1판 1쇄 펴냄  2007년 5월 23일

편저자   호소우치 노부타카
옮긴이   박혜연·이상현
감수     한영혜
펴낸이   이형진
펴낸곳   도서출판 아르케
출판등록  1999. 2. 25. 제2-2759호
서울특별시 마포구 연남동 509-28번지 2층
대표전화 336-4784~5  팩시밀리 336-4786
E-Mail  arche21@arche.co.kr / Homepage  www.arche.co.kr

값 18,000원

ⓒ 희망제작소 2007

ISBN 978-89-5803-063-8  04300
      978-89-5803-056-0  (세트)